reinhardt

Wolfgang Beudels
Ulrike Diehl
Nicola Böcker-Giannini

Bewegungsförderung in der inklusiven Kita

Mit 4 Abbildungen und 102 Fotos

Ernst Reinhardt Verlag München

Prof. Dr. *Wolfgang Beudels* leitet den Studiengang „Pädagogik der Frühen Kindheit“ am Fachbereich Sozialwissenschaften der Hochschule Koblenz.

Ulrike Diehl, Sonderpädagogin, Fachwirtin und Systemische Beraterin, leitet „Das Fortbildungszentrum Köln/Kalk“ und ist u.a. Lehrbeauftragte an der Hochschule Koblenz zum Schwerpunkt Inklusion.

Dr. *Nicola Böcker-Giannini,* Dipl. Sportlehrerin, Psychomotorikerin, Trainerin und Beraterin für Kita, Hort und Grundschule, arbeitet als freie Dozentin mit den Schwerpunkten Raumgestaltung und psychomotorische Entwicklungsbegleitung in Berlin.

Bibliografische Information der Deutschen Nationalbibliothek

Die Deutsche Nationalbibliothek verzeichnet diese Publikation in der Deutschen Nationalbibliografie; detaillierte bibliografische Daten sind im Internet über <http://dnb.d-nb.de> abrufbar.
ISBN 978-3-497-02856-6 (Print)
ISBN 978-3-497-61176-8 (PDF-E-Book)
ISBN 978-3-497-61177-5 (EPUB)

Printed in EU
Cover unter Verwendung eines Fotos von Ulrike Diehl
Satz: Bernd Burkart; www.form-und-produktion.de

Ernst Reinhardt Verlag, Kemnatenstr. 46, D-80639 München
Net: www.reinhardt-verlag.de, E-Mail: info@reinhardt-verlag.de

Inhalt

Geleitwort

Der Begriff **Inklusion**, bis zur UN-Behindertenrechtskonvention im Jahr 2008 in Deutschland nur wenig bekannt, wurde rasch zum Symbol für strukturelle und pädagogisch-didaktische Bemühungen, die Lebens- und Bildungschancen von Menschen gerechter zu gestalten, die in physischer, kognitiver, emotionaler oder sozialer Hinsicht „anders" sind. Denn leider sind im deutschen Bildungswesen die Chancen so ungerecht verteilt, wie in kaum einem anderen Land der westlichen Industriestaaten. Bildungserfolge hängen hierzulande vor allem vom sozialen Status ab, aber auch von einem Bildungssystem, dessen Integrationskraft nicht besonders ausgeprägt ist.

Der Anteil der in besonderen Einrichtungen **exklusiv geförderten** Kinder und Jugendlichen variiert je nach Bundesland seit Jahren um die 4% eines Jahrgangs. Der überwiegende Teil davon sind Kinder und Jugendliche mit sozialemotionalen Problemen oder Lernschwierigkeiten. Vor dem Hintergrund des Ideals, allen Menschen gleiche Lebens- und (Bildungs-)Chancen einzuräumen, mag eine exklusive Beschulung nicht wünschenswert sein, doch gelten große Teile des deutschen exklusiven Fördersystems weltweit als vorbildlich. Vor allem verschiedene Facetten der Frühförderung, der schulischen Förderung von Menschen mit sensorischen, motorischen und kognitiven Einschränkungen sowie für Menschen mit Schwerst- und Mehrfachbehinderung. Die kritischen Untersuchungen zu den nachteiligen Wirkungen einer exklusiven Förderung beziehen sich kaum auf diese Personengruppen, sondern vor allem auf Kinder und Jugendliche mit Lern- und Verhaltensauffälligkeiten, die besonders von einer Inklusion in das Regelschulsystem profitieren würden. Der enge Zusammenhang zum soziokulturellen Status ist bei dieser Gruppe offensichtlich, so dass für sie Veränderungen der Zugangs- und Bleibekriterien im Regelschulsystem besonders sinnvoll wären. Damit würde eine stärkere Berücksichtigung dieser Problematik nicht nur in struktureller, sondern auch in pädaogisch-didaktischer Hinsicht auf allen Stufen des Bildungswesens einhergehen.

Bezogen auf die Kita sollten Kinder, Eltern und Fachkräfte zu einem möglichst frühen Zeitpunkt **sehen, hören und spüren**, wie vielfältig und verschieden Menschen sein können. Am Beginn staatlicher Bildungsbemühungen sollten daher – so früh und selbstverständlich wie möglich – unvoreingenommene Erfahrungen mit Anderssein stehen wie auch die Entwicklung von Respekt und Anerkennung von Menschen mit besonderem Förderbedarf. Eine Haltung, die sich – so die Hoffnung – im weiteren Bildungsweg als Selbstverständlichkeit fortsetzen sollte.

In dieser Hinsicht ist es wichtig, dass die AutorInnen gerade die Bedeutung einer **inklusiven Haltung** betonen. Durch mehrere Untersuchungen lässt sich die erhöhte Reformbereitschaft integrierender Bildungsinstitutionen (wie Kitas, Grundschulen, Gesamtschulen) sehr gut belegen. Als „VorreiterInnen der Integrationskraft" vermögen sie die Teilhabe und Inklusion von Kindern mit besonderen Förderbedarfen beispielhaft voranzutreiben.

Für eine größere Inklusion im Kita-Alltag sind besondere strukturelle und pädagogisch-didaktische Bedingungen unabdingbar, die in diesem Buch auch deutlich benannt werden: kompetente Fachkräfte, multiprofessionelle Teams, angemessene Rahmenbedingungen und Anregungen für die Praxis. Zu den Letzteren zählen – wie in diesem Buch - vielfältige Vorschläge für eine umfassende inklusive Spiel- und Bewegungsförderung. Dieses Thema scheint manchmal bei der Vielzahl wünschenswerter Kompetenzen in der Kita „unter den Tisch" zu fallen, ohne dass die Chancen eines kindgemäßen sinnen- und leibnahen Zugangs beim Erwerb der Sprache, der Vermittlung von Raum- und Zeitvorstellungen sowie bei der Aneignung vieler exekutiver Funktionen als eigene Kompetenz angemessen gewürdigt wird. In diesem Sinne ist das vorliegende Buch eine wertvolle Hilfe und praktische Unterstützung für diejenigen, die den Kita-Alltag für alle Kinder „handfest" und „leibhaftig" gestalten wollen.

Bornheim im März 2019 Prof. Dr. Gerd Hölter

Danksagung

Ein Buch zu schreiben, das sich mit der inklusiven Förderung von und durch Bewegung von Kindern beschäftigt und dies auch praxisnah bebildert darstellen möchte, ist nicht ohne die Kinder selbst und ihre tätige Unterstützung möglich.

Und somit möchten wir uns bei den Kindern der „Inklusiven Kindertagesstätte Sieversstraße der Stadt Köln“, aber auch bei der Leiterin Sandra Uckermann und dem Team herzlich dafür bedanken, dass wir in mehreren Gruppen für die Erstellung der Fotos zu Gast sein durften. Ebenso gilt unser Dank auch Martina Sommer und den heilpädagogischen Mitarbeiterinnen des „Zentrums für Frühbehandlung und Frühförderung“ in Köln-Kalk, die uns den Bewegungsraum für die Durchführung der Spiele und Übungen zur Verfügung stellten.

Ein herzliches Dankeschön geht zudem an die Kinder der „Integrativen Katholischen Kindertagesstätte St. Severin“ in Bonn-Mehlem. Darin einbezogen sind selbstverständlich die Leiterin, Frau Beatrix Bullmann-Roth, und ihr Team, deren Kooperationsbereitschaft und Flexibilität unsere Arbeit am Buch um Vieles leichter machten.

Nicht zuletzt bedanken wir uns auch sehr herzlich bei Friederike von der Goltz und bei Lukas Beudels für ihre kompetente Mitarbeit und ihre Geduld bei den Foto-Aufnahmen.

Wolfgang Beudels, Ulrike Diehl, Nicola Böcker-Giannini

Vorbemerkungen

Um die Vielfalt an individuellen Lebensbedingungen in unserer demokratischen Gesellschaft zu einem guten Miteinander zu bringen, bedarf es eines Konzeptes, das mit Achtung, Respekt und Toleranz jedem eine Chance auf ein menschenwürdiges Leben ermöglicht. Von seinem soziologischen Grundverständnis her zielt Inklusion auf eine gleichberechtigte und selbstbestimmte gesellschaftliche Teilhabe aller Menschen – unabhängig von Alter, Behinderung, Geschlecht, Herkunft, Religionszugehörigkeit, sexueller Orientierung etc.

Inklusion ist ein universelles Menschenrecht, das unmittelbar mit dem Recht auf Freiheit, Gleichheit und Solidarität verbunden ist. Mit der UN-Behindertenrechtskonvention und deren Ratifizierung 2009 durch die Bundesrepublik Deutschland liegt der Fokus der Umsetzung von Inklusion auf der gemeinsamen Bildung von Kindern und Jugendlichen mit und ohne Behinderungen bzw. Förderbedarfen.

Inklusion zielt damit auf Chancengleichheit durch eine Entwicklungsförderung, die alle Persönlichkeitsbereiche im Blick hat, und die Teilhabe aller Kinder an qualitativ guten Bildungsprozessen – unabhängig von ihren jeweils individuellen Lernausgangslagen. Das gelingt nur, wenn inklusive Bildung nicht allein ein schulisches Thema bleibt, sondern seinen Platz in allen Arbeitsfeldern der frühen Kindheit hat. Dies hebt der Artikel 24 der UN-Behindertenrechtskonvention deutlich hervor: Anzustreben ist ein inklusives Bildungssystem auf allen Ebenen und ein Lernen, das alle Menschen ein Leben lang begleiten soll.

Es haben sich bereits zahlreiche Kindertagesstätten auf den Weg zur Inklusion aufgemacht und viele positive Veränderungen sind schon erfolgt. Doch damit eine „Regel-Kita" grundsätzlich für alle Kinder zur „REGEL"*(-Kita)* wird, muss der Veränderungsprozess flächendeckend in Gang gesetzt werden.

Dazu gehören auf der einen Seite die Bereitstellung von finanziellen und materiellen Ressourcen für die Verbesserung der Rahmenbedingen (u. a. Aufstockung des Personalschlüssels, Anpassung des Raumkonzepts ggf. durch bauliche Maßnahmen, Anschaffung neuer Materialien) und auf der anderen Seite die Anbahnung und Reflexion einer professionellen „inklusiven *(Grund-)* Haltung" pädagogischer Fachkräfte sowie eine feste Verankerung des Themas in den Einrichtungskonzeptionen, in der Gestaltung von Teamprozessen, bei der Entwicklung von Bildungs- und Förderplänen und generell in der Ausbildung und (Weiter-)Qualifizierung der MitarbeiterInnen.

Dieses Fachbuch möchte einen Beitrag zur Entwicklung inklusiver Kindertagesstätten leisten, indem es den „Bildungsbereich Bewegung" als einen zentralen Ausgangspunkt für nachhaltige inklusive Bildungsprozesse in Kindertagesstätten in den Blick nimmt. Es beinhaltet sowohl einen allgemeinen Orientierungsrahmen für die Gestaltung von Bildungs- und Lernprozessen nach inklusiven Gesichtspunkten als auch konkrete Anregungen für die Planung und Gestaltung einer inklusiv orientierten Bewegungserziehung und Bewegungsförderung.

Aufbauend auf einer grundlegenden Einführung in die zentralen Begrifflichkeiten werden im ersten Kapitel bisherige Bildungssysteme für Menschen mit Behinderungen in Deutschland vorgestellt und die Bedingungen erläutert, die eine Kindertagesstätte benötigt, um inklusiv zu arbeiten. Im Fokus stehen dabei strukturelle und konzeptionelle Aspekte, Haltung und Kompetenzen der Fachkräfte und die Bedeutung von Kooperationen sowie Netzwerken.

Die beiden folgenden Kapitel widmen sich zum einen der Frage, welche Bedeutung der Bewegung und der Bewegungserziehung in der Kita für inklusive Bildungsprozesse sowie für die soziale Teilhabe zukommt. Zum anderen finden sich hier Hinweise zur Gestaltung von Rahmenbedingungen sowie zur Planung und Umsetzung inklusiver Bewegungsangebote.

Im Hauptteil werden, nach Kategorien geordnet, zahlreiche Spiele und Übungen vorgestellt, die gemeinsames Handeln, Bewegen und Spielen aller Kinder anregen, unterstützen und aufrechterhalten sollen. Diese werden in unterschiedlicher Ausführlichkeit in ihrem Aufbau und Ablauf beschrieben.

Obwohl sich der Blick vorwiegend auf angeleitete Bewegungsaktivitäten richtet, handelt es sich jedoch nicht um eine Rezepte-, sondern um eine Ideensammlung. Das einzelne Spiel ist eher als Beispiel oder Vorlage gedacht. Es muss, soll und kann situativ an die Bedürfnisse, Wünsche und spontanen Einfälle der Beteiligten angepasst und bei Bedarf in vielfältiger Weise variiert und erweitert werden.

1 Die Kindertagesstätte auf dem Weg zur Inklusion

Spätestens seit sich 2006 auf Initiative von Organisationen der Behindertenbewegung die UN-Generalversammlung in New York auf den Weg machte, eine Behindertenrechtskonvention zu erarbeiten, ist der Begriff „Inklusion" zum Synonym einer neuen Politik für Menschen mit Behinderung geworden, die alle gesellschaftlichen Bereiche umfasst. Die UN-Behindertenrechtskonvention steht damit vor allem für „einen Paradigmenwechsel im Verständnis von Behinderung. Sie löst das medizinische Modell von Behinderung ab" und wird „als individuelles Phänomen betrachtet, dem mit medizinischen, therapeutischen und sonderpädagogischen Maßnahmen zu begegnen ist" (Degener 2015, 18).

Die Idee von Inklusion bzw. vom Recht auf Teilhabe aller Menschen am gesellschaftlichen und kulturellen Leben ist nicht neu. Sie ist zutiefst demokratisch und als universelles Menschenrecht ein immer anzustrebendes gesellschaftliches Ideal, um Ausgrenzung zu beseitigen, Diskriminierungen zu verhindern und Barrieren abzubauen.

Nach wie vor erleben viele LehrerInnen und pädagogische Fachkräfte dennoch Inklusion als ein eher diffuses Vorhaben, das ihnen gewissermaßen verwaltungsmäßig durch die Politik und ihre Institutionen „von oben" vorgegeben wird, ohne die tatsächlichen Bedingungen, unter denen sie realisiert werden soll, zu kennen bzw. zu berücksichtigen. Dabei wird leicht verkannt, dass die Verabschiedung und Ratifizierung der Menschenrechtskonvention, die die Debatte um Inklusion ausgelöst hat, ihre Wurzeln in einem Kampf um Gleichberechtigung und Anerkennung hat, der von der „Basis", d.h. von den Menschen mit Behinderungen, ausgefochten wird. Allmählich wird aber Dank der Inklusionsdebatte deutlicher herausgestellt, dass Behinderung immer auch ein soziales Phänomen ist, das sich in einer Einschränkung der Teilhabe an gesellschaftlichen Prozessen ausdrückt.

Als bildungspolitischer Anspruch für das gemeinsame Lernen von Kindern mit und ohne Behinderungen löst die Inklusion bei vielen im Bildungssektor wie in der Frühförderung tätigen Fachkräften Abwehrreaktionen und Ängste aus. Die in der Fachwelt und den Medien sehr kontrovers geführten Diskussionen drehen sich dabei vor allem um die Frage der praktischen Umsetzung in Schulen, aber auch in Kindertageseinrichtungen.

Während das Schulsystem, das traditionell selektiert, Kinder in vermeintlich homogene Lerngruppen auf unterschiedliche Schularten aufteilt und einem Gleichheitsgedanken verpflichtend nur einheitliche (Schul-)Abschlüsse anstrebt, durch den Anspruch auf ein gemeinsames, gleichberechtigtes und zieldifferentes Lernen in seinen Grundfesten erschüttert wird, stellt sich die Situation in der institutionellen Frühpädagogik etwas besser dar.

„Kindertageseinrichtungen und Kindertagespflege sind außerfamiliäre Lebensräume, die die frühkindliche Bildung in der Familie ergänzen und unterstützen. Ziel der Bildungs-, Erziehungs- und Betreuungsarbeit in der Kindertageseinrichtung und in der Kindertagespflege ist, das Kind in der Entwicklung seiner Persönlichkeit individuell, ganzheitlich und ressourcenorientiert herauszufordern und zu fördern" (NRW Bildungsgrundsätze 2016, 11).

Von ihrem Grundverständnis her selektieren somit Kindertageseinrichtungen nicht und ermöglichen ein gemeinsames altersübergreifendes Lernen in heterogenen Gruppen.

Obwohl sie damit bereits im Sinne der Inklusion arbeiten, besuchen dennoch wenige Kinder mit Behinderungen Regel-Kindertagesstätten. Nach Lichtblau (2016, 5) findet Förderung von Kindern mit Behinderungen

„deutschlandweit zu 76 Prozent in einer integrativen Kindertageseinrichtung, zu 7,5 Prozent in Sondereinrichtungen bzw. heilpädagogischen Kindergärten und zu 16,5 Prozent in Förderschulkindergärten statt".

In diesem Sinne kann festgehalten werden, dass sich Inklusion erst dann wirklich in der Praxis zeigt, wenn auch Regel-Kindertagesstätten Bedingungen für eine gemeinsame Bildung aller Kinder schaffen.

1.1 Integration vs. Inklusion

Nicht nur in Fachdiskussionen werden die Begriffe „Inklusion" und „Integration" häufig synonym verwendet. Dabei stehen beide Konzepte für eine jeweils andere Sichtweise auf die Gesellschaft.

Integration favorisiert ein Mehr-Gruppen-System, indem sie beschreibt, dass sich kleinere Gruppen einer Mehrheit anpassen, um dazuzugehören. Durch die Eingliederung in bestehende Systeme werden Minderheiten in der Integration Teil einer sog. Normalität.

Im Konzept der Integration werden Unterschiede bewusst wahrgenommen. Leitfragen für die Umsetzung von Integration in Bildungssystemen lauten dementsprechend:

- Wie kann sich ein Kind mit einem speziellen Förderbedarf an die Einrichtung anpassen?
- Welche (Lern-)Voraussetzungen bringt es mit, um sich in die Einrichtung integrieren zu können?

Demgegenüber wendet sich Inklusion von dieser Mehr-Gruppen-Theorie völlig ab und geht davon aus, dass alle Menschen – unabhängig von ihren persönlichen Voraussetzungen und Merkmalen – von vorneherein ein Teil des Gesamtsystems sind.

Aus einer stringenten inklusiven Perspektive werden individuelle Eigenschaften nicht mehr bewertet. Heterogenität und Vielfalt bilden hier die selbstverständliche Basis gesellschaftlichen Miteinanders. Damit Lernprozesse im Sinne der Inklusion angebahnt werden können, gilt es demnach Antworten auf folgende Fragen zu finden:

- Wie kann die Einrichtung an die (Lern-)Bedürfnisse aller Kinder angepasst werden?
- Welche Maßnahmen müssen für das jeweilige Kind geplant, organisiert und umgesetzt werden, damit es seinen individuellen Bildungsweg in der Einrichtung gehen kann?

Ohne den Begriff Inklusion zu verwenden, hat der ehemalige Bundespräsident Richard von Weizäcker in einer Rede anlässlich der Tagung der Bundesarbeitsgemeinschaft Hilfe für Behinderte (2019: Bundesarbeitsgemeinschaft Selbsthilfe für Menschen mit Behinderung und chronischer Erkrankung und ihren Angehörigen e. V.) bereits 1993 ihre Kernidee in einem prägnanten Satz zusammengefasst:

„Es ist normal, verschieden zu sein!“

Pädagogisches Handeln in der Inklusion kann als „die aktive Umsetzung von Werten zur Überwindung aller Formen der Ausgrenzung“ (Booth 2008, 61) definiert werden. In diesem Sinne betont auch die GEW (2015, 13), dass

„solche Werte […] mit Gleichheit und Fairness, mit Leidenschaft, mit Respekt vor Unterschieden, mit Ehrlichkeit und Integrität, mit der Bedeutung von Teilhabe, dem Aufbau sozialer Beziehungen und dem Recht auf gute sozialräumliche Unterstützungssysteme zu tun"

haben. Gelebte Inklusion ist prozesshaft. Sie definiert keinen Zielzustand, sondern ist in ihrer Werteorientierung eine Haltung, die grundlegend das gemeinsame Leben und Arbeiten aller Menschen begleitet.

Erste Forderungen nach einer flächendeckenden inklusiven Bildung gab es bereits im Jahre 1994 in Salamanca auf der UNESCO-Konferenz zum Thema „Pädagogik für besondere Bedürfnisse: Zugang und Qualität". Im Ergebnis wurde auf dieser Konferenz Inklusion als wichtigstes Ziel der internationalen Bildungspolitik genannt.

Konzeptionelle und inhaltliche Ideen für die Gestaltung einer inklusiven Pädagogik finden sich u.a. in der „Pädagogik der Vielfalt", die in den 1990er Jahren u.a. von Prengel entwickelt wurde. Die Pädagogik der Vielfalt fußt auf dem Gedanken, Gleichberechtigung unter verschiedenen Personen bzw. Gruppen herzustellen. Unterschiedlichkeit (Differenz) wird nicht bewertet und jeder Mensch in seiner Art akzeptiert. Dabei wird Heterogenität als Normalität und gleichermaßen als Ressource anerkannt. Prengel (2006) hebt hervor, dass kindliche Lebenswirklichkeiten an sich schon vielfältig sind. Kinder tragen unendlich viele Dimensionen von Vielfalt in sich, die ihre Person und Persönlichkeit ausmachen und lassen sich deshalb niemals nur einer Gruppe bzw. Kategorie zuordnen.

Eine Behinderung ist demnach nur eine von vielen Dimensionen, die die persönliche Identität eines Menschen prägen (Abb. 1). Inklusive Pädagogik wendet sich davon ab, im Kind mit einer Behinderung nur dessen Förderbedarf zu sehen.

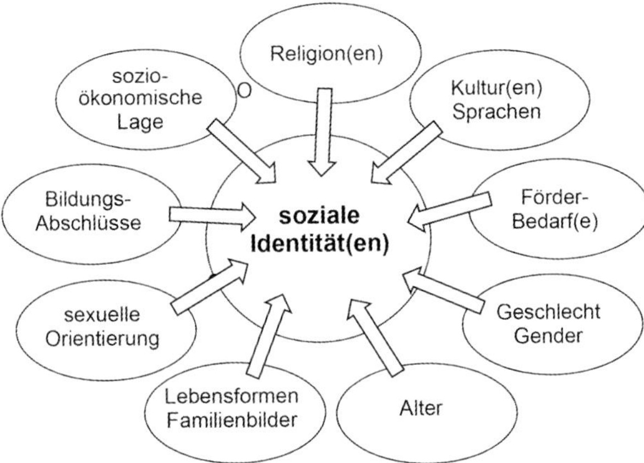

Abb. 1: Dimensionen von Vielfalt

Inklusion als Prinzip ist grundlegend für die Durchsetzung allgemeiner Menschenrechte, die Sicherstellung wirklicher Partizipation – im Sinne von „Teilhabe" und „Teilgabe" – sowie die Gewährleistung von Chancengleichheit (Abb. 2).

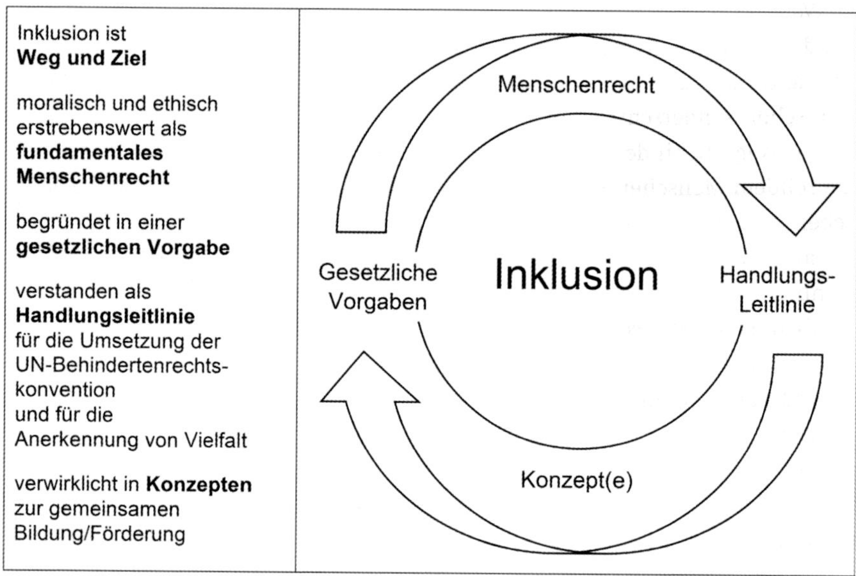

Abb.2: Zusammenfassende Übersicht Inklusion

1.2 Bildung für Menschen mit Behinderungen

Jahrhundertelang wurde Menschen mit Behinderungen der Zugang zu Bildungssystemen und damit auch die Teilhabe an der Gesellschaft strikt und grundsätzlich verwehrt, d.h. sie wurden „exkludiert". Dies änderte sich Anfang des 19. Jahrhunderts in der Zeit der sog. „Industrialisierung". Eigens für Menschen mit Behinderungen entstanden Institutionen wie sog. „Hilfsschulen" und „Sonderheime", in denen sie unterrichtet oder betreut wurden. Pädagogische Ideen dazu lieferte u.a. Johann Heinrich Pestalozzi (1746–1827), ein Schweizer Pädagoge, der in seinen Ansätzen einen menschlicheren Umgang mit sozial Schwächeren forderte.

1865 kam es in Deutschland zur Gründung der sog. „Gesellschaft zur Förderung der Schwachsinnigen und Blödsinnigen". Einer ihrer Mitbegründer, Karl Ferdinand Kern (1814–1868), eröffnete bereits 1839 in seiner Heimatstadt Eisenach ein Institut für „abnorme Kinder", dem er drei Jahre später eine Abteilung für „taubstumme und schwachsinnige Kinder“ angliederte. Als Arzt war Kern ein Anhänger der Kleinkindpädagogik Friedrich Fröbels, dessen Ansicht, dass Kinder möglichst selbsttätig sein sollen und schrittweise einfache bis schwierige Aufgaben zu bewältigen lernen, er folgte.

Während der Zeit der Nazi-Diktatur kamen alle Bemühungen und Ansätze für die Bildung von Menschen mit Behinderungen zum Erliegen und erst 1955 entstand aus dem vormaligen Verband Deutscher Hilfsschulen der Verband Deutscher Sonderschulen. Drei Jahre später gründeten Eltern, deren Kinder eine geistige Behinderung hatten, die Selbsthilfevereinigung Lebenshilfe e. V., die seitdem Menschen mit Behinderungen bei ihrer möglichst selbstständigen Lebensgestaltung intensiv unterstützt.

Fast zeitgleich (1959) organisierten sich auch Eltern von körper- und mehrfachbehinderten Kindern im (Selbsthilfe-)Bundesverband für körper- und mehrfachbehinderte Menschen e. V. (bvkm). Genau wie die Lebenshilfe setzt sich diese Vereinigung für Menschen mit insbesondere körperlicher und mehrfacher Behinderung und ihre Familien ein.

Ab Ende der 50er und in den 60er Jahren des letzten Jahrhunderts wurde das Sonderschulwesen flächendeckend in Deutschland ausgebaut. Kinder wurden nach bestimmten (Leistungs-)Kriterien bzw. der Art ihrer Behinderung den meist homogen strukturierten Sonderschulen zugeordnet.

Auf die „Idee“ der Segregation folgte in den 1970er Jahren das Konzept der Integration.

> *„Der Begriff der Integration wurde ab Mitte der 1970er Jahre in Deutschland vor allem durch betroffene Menschen in die Diskussion über Behinderung eingebracht. Zu dieser Zeit bildeten sich in vielen westlichen Ländern erstmals starke Gegenströmungen zur gesellschaftlich praktizierten Segregation behinderter Menschen, die auch heute noch von Bedeutung sind – die Bürgerrechtsbewegungen behinderter Menschen, auch Independent Living oder Selbstbestimmt Leben Bewegung genannt“* (Hermes 2006, 3).

Das erste Dokument, das gemeinsames Lernen von behinderten und nicht behinderten Kindern vorsah, waren die Empfehlungen des Deutschen Bildungsrates zur pädagogischen Förderung behinderter und von Behinderung bedrohter Kinder und Jugendlicher aus dem Jahr 1974. Die Bildungskommission des Deutschen Bildungsrates unter Leitung von Jakob Muth (1927–1993) forderte darin eine „Konzeption der ‚weitmöglichsten Einbeziehung behinderter Kinder und Jugendlicher in den allgemeinen Unterricht’ und eine ‚Vermeidung der Aussonderung’ in den Bereichen Frühförderung, Studium und Ausbildung der Lehrkräfte und schulische Förderung.” (Platte 2015, 130).

Nachdem die UNO 1981 das „Jahr der Behinderten“ ausgerufen hatte, nahm die Integrationspädagogik, unterstützt durch mediale Aufmerksamkeit, Fahrt auf. Die Zahl der Modellversuche, bei denen Kinder mit Behinderungen in Regeleinrichtungen einzeln integriert wurden, stieg an – auch in Institutionen im Handlungsfeld der Pädagogik der frühen Kindheit. Es bildeten sich vermehrt Kooperationen zwischen Einrichtungen der Sonderpädagogik und des allgemeinen Bildungswesens im Rahmen von Integrationsprojekten.

Voraussetzung für den Erfolg der Integrationspädagogik war neben verbesserten strukturellen Bedingungen vor allem die Bereitschaft der Beteiligten, integrativ arbeiten und leben zu wollen. Obwohl pädagogische Ansätze der Integration in Regeleinrichtungen unterschiedlich umgesetzt werden, gibt es viele gemeinsame Erkenntnisse aus den langjährigen Erfahrungen, die die Bedeutung des Konzeptes in Abgrenzung zur Segregation hervorheben. Dazu gehören u. a.:

- Individuelle (Lern-)Angebote im Rahmen integrativer Pädagogik nützen sowohl Kindern mit als auch ohne Behinderungen (Klemm/Preuss Lausitz 2011).
- Kinder ohne Behinderung erhalten durch die vielfältigen Kontakte mit Kindern mit einer Behinderung einen größeren Erfahrungsspielraum. Dabei wird insbesondere die soziale Kompetenz aller Kinder gefördert.
- Familien mit Kindern mit einer Behinderung erleben durch die Integration eine größere „Normalität“ und fühlen sich stärker eingebunden in ihrem Sozialraum.

In vielen pädagogischen Ansätzen, die die konkrete Umsetzung der Integration begleitet haben, lassen sich bereits Gedanken der Inklusion wiederfinden. Beispielhaft sei hier das in den 1980er Jahren für Bremer Tageseinrichtungen entwickelte Konzept zur „integrativen Bildung und Erziehung“ von Feuser genannt. Seiner Ansicht nach bedeutet Integration, dass

> *„alle Kinder in Kooperation miteinander auf ihrem jeweiligen Entwicklungsniveau, entsprechend ihren momentanen Möglichkeiten, in Orientierung auf die nächste Zone ihrer Entwicklung, an einem gemeinsamen Gegenstand oder Projekt spielen, lernen und arbeiten“ (Baur et. al. 2014, 11).*

Mit diesen Aspekten kommt Feuser der Idee der Inklusion sehr nah und dementsprechend wird sie konzeptionell für Menschen mit Behinderungen von zahlreichen Fachkräften als konsequente Fortführung von Integration verstanden.

Für viele PädagogInnen ist die Entwicklung im Bildungsbereich damit aber noch nicht abgeschlossen. Ein „normaler" Umgang mit Heterogenität und die Aufhebung sämtlicher Gruppenetikettierungen sind erst dann wirklich erreicht, wenn auch der Begriff „Inklusion" als Erklärungsgrundlage hinfällig geworden ist und „nur noch" von einer „Allgemeinen Pädagogik für alle Kinder" gesprochen wird.

1.3 Entwicklung einer inklusiven Kindertagesstätte

Für Kindertagesstätten sind gemäß ihrer historischen Entwicklung sowie ihrer Einbindung in das System der Kinder- und Jugendhilfe Heterogenität bzw. Vielfalt Normalität, da grundsätzlich alle Kinder prinzipiell eine Kita besuchen können und im Gegensatz zur Schule keine Auslese stattfindet.

Damit zu dieser selbstverständlichen Vielfalt in Regeleinrichtungen grundsätzlich auch Kinder mit speziellen heilpädagogischen, therapeutischen bzw. rehabilitativen Bedarfen gehören, wird allerdings ein flächendeckendes inklusives Bildungssystem in der frühen Kindheit benötigt.

Die Debatte, (frühe) Bildungseinrichtungen so zu gestalten, dass Kinder mit Behinderungen von vornherein dazu gehören, wird von zahlreichen Fragen begleitet, u. a.:

- Wie erhalten alle Kinder Zugang zu einer wohnortnahen Regeleinrichtung?
- Wie können Bildungssysteme Barrierefreiheit auf allen Ebenen herstellen?
- Wie werden Lernprozesse in heterogenen Gruppen so gestaltet, das tatsächlich alle Kinder/Jugendlichen vom vorhandenen Bildungsangebot profitieren?
- Wie müssen Regeleinrichtungen aufgebaut sein, damit besondere Förderbedarfe bei Kindern angemessen berücksichtigt werden?
- Welche Aus- und Fortbildungen bzw. Kompetenzen brauchen (pädagogische) Fachkräfte, um den steigenden Anforderungen in inklusiv arbeitenden Systemen gerecht zu werden?

Die Entwicklung hin zu einer inklusiven Kindertagesstätte kann dementsprechend nur gesamtsystemisch sowohl auf institutioneller, konzeptioneller als auch personeller Ebene gelingen.

1.3.1 Konzeption und Struktur

Um einen sinnvollen Entwicklungsprozess zur Umgestaltung einer Regel-Kindertagesstätte in eine inklusive Kindertagesstätte in Gang zu setzen, bedarf es zu Beginn eine Evaluation des IST-Zustandes hinsichtlich der bisherigen auf Vielfalt beruhenden Bildungsarbeit. Zu klären sind sowohl Fragen nach bereits vorhandenen Ressourcen für inklusives Arbeiten ebenso wie danach, welche Tendenzen von „Aussonderung(en)" im System wahrgenommen werden bzw. tatsächlich existieren.

Ein bedeutsames Instrument für die Gestaltung inklusiver Prozesse im Kontext spezieller Institutionen ist der „Index für Inklusion" (GEW 2015). Mit Hilfe dieses Verfahrens wird angestrebt,

> *„inklusive Werte in Handeln umzusetzen und sich gleichzeitig von exkludierenden Werten zu lösen" (Booth/Ainscow 2017, 9).*

Der Index für Inklusion bietet eine umfangreiche Materialsammlung zur Selbstevaluation/-reflexion und einen Orientierungsleitfaden zur konkreten Prozessgestaltung. Dabei wird die Entwicklung der Inklusion in Einrichtungen mit Hilfe eines sog. Planungsrahmens strukturiert:

- **Dimension A**
  Inklusive Kulturen: Werte und Haltungen entfalten
  Abschnitt A 1: Gemeinschaft bilden
  Abschnitt A 2: Inklusive Werte verankern
- **Dimension B**
  Inklusive Strukturen, Konzepte, Leitlinien etablieren
  Abschnitt B 1: Eine Einrichtung für alle entwickeln
  Abschnitt B 2: Vielfalt als Ressource nutzen
- **Dimension C**
  Inklusive Praxis: Potenziale nutzen, Umsetzung gestalten
  Abschnitt C 1: Spiel und Lernen gestalten
  Abschnitt C 2: Ressourcen mobilisieren (GEW 2015, 24)

Erfolgreich ist die Umsetzung immer dann, wenn gleichermaßen **inklusive Kulturen**, z. B. Leitbilder, Sensibilisierung der Beteiligten, **inklusive Strukturen**, z. B. Barrierefreiheit, entsprechende Materialien, **inklusive Praktiken**, z. B. spezielle (Förder-)Angebote, bestimmte Unterstützungsformen, von allen Beteiligten analysiert und (weiter-)entwickelt werden.

Jede der zuvor genannten Dimensionen beinhaltet „ein Bündel von Indikatoren. Diese enthalten Zielsetzungen für relevante Aspekte der Einrichtung und können für eine Evaluation des derzeitigen Standes von Inklusion genutzt werden. Die Bedeutung jedes Indikators wird durch Fragen verdeutlicht“ (GEW 2015, 27). Dabei versteht sich der Fragenkatalog als Angebot, das dabei unterstützen soll, die Bedeutung des jeweiligen Themas für die eigene Einrichtung herauszufinden. Die Fragen „schärfen die Wahrnehmung der gegenwärtigen Situation, liefern Ideen für Entwicklungsfortschritte und dienen als Kriterien für die Evaluation des Prozesses“ (GEW 2015, 27).

Die Auswahl, ggf. auch die Anpassung und Veränderung, der Fragen soll jede Einrichtung ihrer eigenen Situation entsprechend vornehmen. Der Index schreibt nicht vor, wie lange der Prozess der Implementierung dauert und wie die Handlungsschritte konkret ablaufen sollen. Vielmehr wird mit dem Bild von einem „Haus der Inklusion“ lediglich ein Rahmen für eine strukturierte Konzeptentwicklung initiiert.

> *Das „Haus der Inklusion steht auf einem soliden Fundament von Werten. Als tragende Säulen ziehen sich die Schlüsselbegriffe Barrieren abbauen, Möglichkeiten schaffen, Vielfalt unterstützen […] durch alle Stockwerke. Die Stockwerke stehen für die Phasen der Entwicklung, an der alle Beteiligten teilhaben“ (GEW 2015, 31).*

Nach dieser Metapher beinhaltet ein strukturierter Index-Prozess:

- **Erdgeschoss: IMPULS**
  „Hier beginnt der Index-Prozess mit einem Impuls, der als Ausgangssituation ein zu lösendes Problem oder eine anzustrebende Perspektive hat. Denkbar ist auch, dass man sich generell mit Inklusion beschäftigen will und dazu den Index nutzt.“
- **Erste Etage: ANALYSE**
  „Auf der ersten Etage wird die Ausgangssituation sorgfältig analysiert und bewertet. Es werden Informationen und Dokumente zusammengetragen und ausgewertet.“
- **Zweite Etage: AKTION**
  „Jetzt sind wir bei den Aktivitäten angelangt, also bei den Handlungen und Arbeiten, die geplant und getan werden müssen, um das Problem zu bewältigen oder den Impuls umzusetzen.“
- **Dritte Etage: REFLEXION**
  „Im Obergeschoss wird ausgewertet und dokumentiert und vor allem die Frage bearbeitet, was man aus dem Index-Prozess für künftige Verfahren und Abläufe lernen kann.” (GEW 2015, 31)

Ein weiteres Hilfsmittel im Index für Inklusion sind speziell ausgerichtete Fragebögen, die man in der Arbeit mit Kindern/Jugendlichen, Eltern, Trägern und Kooperationspartnern zur gemeinsamen Prozessgestaltung in der Inklusion nutzen kann. Bedeutsam bleibt in jedem Fall, dass für die Entwicklung und Umsetzung längerfristiger konzeptioneller Ziele im Sinne von Inklusion die positive Einstellung aller am Prozess Beteiligten die wichtigste Voraussetzung ist.

1.3.2 Pädagogische Fachkräfte: Haltung und Kompetenzen

Eine Hürde auf dem Weg zur Inklusion stellt für einige Fachkräfte neben der individuellen Kompetenzentwicklung die Arbeit an der sog. „inklusiven Haltung“ dar. Das mag u. a. auch daran liegen, dass der Begriff „Haltung“ für viele zu abstrakt und kaum greifbar ist.

In der Sprachwissenschaft reicht das Verständnis des Wortes „Haltung“ von „Gesinnung“ und „Contenance“ über „Einstellung“ und „Meinung“ bis – wörtlich – hin zur „Körper-Haltung“. Die persönliche Haltung ist biografisch gewachsen. Sie fußt auf Werten sowie Leit- und Glaubenssätzen, die im Laufe des eigenen Lebens verinnerlicht wurden und sich in konkreten Verhaltensweisen manifestiert haben.

In der Regel ist und wirkt Haltung unbewusst. Erst durch (Selbst-)Reflexion kann sie bewusst und in deren zugrunde liegenden Überzeugungen sichtbar gemacht werden.

> *„Die Auseinandersetzung mit eigenen Einstellungen, Werten und Überzeugungen [ist] ein sehr wichtiger Bestandteil zur Herstellung von Professionalität“ (GEW 2017, 15).*

Direkt auf den Bildungsbereich „Bewegung“ bezogen ist so die eigene „Haltung“ zur Bewegung selbst Ergebnis eines individuellen Aneignungsprozesses, der zumeist unbewusst stattfindet. Erst in der Reflexion der eigenen Bewegungsbiografie wird deutlich, wie persönliche Erfahrungen und Überzeugungen die Motivation und das Verständnis zum Thema „Bewegung“ bzw. zum Thema „Bildungsbereich Bewegung“ geprägt haben.

Eine inklusive Haltung zu entwickeln und beizubehalten, die auf den von Booth (s. o.) definierten Werten beruht, ist die Basis jeglicher Fach- bzw. Handlungskompetenz im Sinne von Inklusion. Dazu gehören die „Anerkennung von Vielfalt, Gemeinschaft, Gleichbehandlung, Gleichberechtigung, Mitgefühl, Nachhaltigkeit und Teilhabe“ (GEW 2015, 13).

Soll der Ansatz „Vorurteilsbewusste Bildung und Erziehung“ Basis für ein inklusives Praxiskonzept sein, können pädagogische Fachkräfte ihre Werteorientierung mit folgenden Fragen überprüfen:

- *Möchte ich mich als Mensch und in meiner Rolle als pädagogische Fachkraft für die Herstellung von Bildungsgerechtigkeit einsetzen?*
- *Möchte ich mich zu Diskriminierung, zu unreflektierten Vorurteilen und Einseitigkeiten im Zusammenspiel mit Machtunterschieden positionieren und ein klares Nein aussprechen?*
- *Möchte ich vorurteilsbewusst und inklusiv arbeiten, indem ich Partizipation zur Grundlage meiner Arbeit mache?“ (Institut für Situationsansatz 2017, 17)*

In der Bejahung dieser Fragen liegt die Grundlage der Weiterentwicklung einer professionellen inklusiven Haltung. Förderlich für die Arbeit daran ist ein institutioneller Rahmen, der eine auf Wertschätzung und Vertrauen basierende Team- und Einrichtungskultur pflegt. Dabei ist auch die Erkenntnis wichtig, dass Inklusion nicht bedeutet, dass jede Fachkraft alles können bzw. in allen Bereichen vollständig kompetent sein muss. Die Wahrung persönlicher und professioneller Grenzen ist ebenfalls Bestandteil einer inklusiven Haltung.

Neben einer inklusiven Haltungskompetenz, die nur durch Reflexion erworben wird, muss jede Fachkraft sich ebenso um die Erweiterung ihrer eigenen Wissens- und Handlungskompetenzen sowie ihres persönlichen Handlungsvermögens für die Arbeit in der Inklusion bemühen.

Der Begriff „Kompetenz“ ist ebenfalls mehrdeutig. Je nach Kontext gibt es unterschiedliche Definitionen. Nach Gnahs (zit. n. Volmer 2013, 129) ist eine „Kompetenz die Fähigkeit zur erfolgreichen Bewältigung komplexer Anforderungen in spezifischen Situationen. Kompetentes Handeln schließt den Einsatz von Wissen, von kognitiven und praktischen Fähigkeiten genauso ein wie soziale und Verhaltenskomponenten (Haltungen, Gefühle, Werte und Motivationen).“

Über regelmäßig stattfindende Fort- und Weiterbildungsmaßnahmen müssen spezifische Wissens- und Handlungskompetenzen erworben und vertieft werden. Zu den Fachkompetenzen gehören grundlegende Kenntnisse über die jeweiligen Förderbedarfe. Zusätzlich sind gute Beobachtungs- und Förder-/Methodenkompetenzen sowie Kommunikations- und Kooperationskompetenzen wichtige Voraussetzungen für eine qualitativ hochwertige Bildungsarbeit im Sinne der Inklusion.

Fachkräfte, die in inklusiven Kontexten arbeiten, sollten nicht nur in der Lage sein, kindliche Entwicklungsprozesse zu verstehen und individuelle Abweichungen erkennen, ohne sie zu stigmatisieren, sondern auch Lernprozesse inhaltlich und äußerlich so zu arrangieren, dass das jeweilige Gegenüber in seiner Einzigartigkeit wahrgenommen und respektiert wird. Zudem gilt es, Kommunikations- und Kooperationsprozesse innerhalb und außerhalb der Einrichtung zu intensivieren. Nur über diesen Weg und mit einer Sichtweise von Heterogenität als „Ressource“ und „Normalität“ kann es gelingen, pädagogische Praxis nachhaltig inklusiv zu gestalten.

1.3.3 Kooperationen und Netzwerke

Inklusion führt in eine neue Beziehungskultur. Um inklusive Prozesse in Gang zu setzen, stellt die Kooperation pädagogischer Fachkräfte bzw. der ganzen Institution mit anderen Beteiligten einen wichtigen Aspekt dar. Gute Kooperation und Netzwerkarbeit beziehen sich dabei sowohl auf die Zusammenarbeit innerhalb der eigenen Einrichtung als auch auf Eltern, Fachleute anderer Professionen und Institutionen.

Ein multiprofessionelles Team erweitert die fachlichen Ressourcen und steigert damit die Möglichkeiten, der Vielfalt, die Kinder mitbringen, angemessen zu begegnen. Darüber hinaus bildet eine Partnerschaft mit den Eltern – „Erziehungspartnerschaft“ – eine solide Basis erfolgreicher Förderprozesse. Dazu benötigen Fachkräfte grundlegende Kenntnisse vom jeweiligen „System Familie“, um Eltern auf Augenhöhe zu begegnen und sie als verlässliche Partner im Bildungsprozess an ihrer Seite zu haben.

Ausgangspunkt eines wirksamen Dialogs mit Eltern ist zum einen eine wertschätzende, positive Grundhaltung und zum anderen die Fähigkeit der pädagogischen Fachkraft, in der Kommunikation und Kooperation sachlich-fachlich zu bleiben, aktiv zuhören zu können und die Sicht der Eltern wertfrei aufzunehmen, damit mit ihnen gemeinsam konstruktive Lösungen gefunden werden.

In der Förderung und Betreuung von Kindern mit Behinderungen sollten funktionierende Kooperationen mit Institutionen der „Frühförderung“ und/oder der „Frühen Hilfen“ angebahnt und stetig ausgebaut werden.

Unter „Frühförderung“ versteht man sämtliche heilpädagogischen und therapeutischen Maßnahmen, die dazu dienen

- Entwicklungsgefährdungen von Kindern früh zu erkennen und drohende Behinderungen abzumildern oder zu kompensieren,
- die Entwicklung eines Kindes zu unterstützen und zu fördern,
- die Kompetenzen der Eltern im Umgang mit ihrem Kind mit besonderem Unterstützungsbedarf weiter zu entwickeln.

In den Bereich „Frühe Hilfen“ fallen Angebote im Gesundheitswesen oder in der Kinder- und Jugendhilfe, die folgende Ziele verfolgen:

- Früherkennung psychosozialer Belastungen in der Familie,
- Stärkung der Erziehungskompetenz der Eltern,
- Vermeidung einer möglichen Kindeswohlgefährdung,
- Ermöglichen gesunden, gewaltfreien Aufwachsens.

Professionell gestaltete Kooperationen in der pädagogischen Fachwelt funktionieren dann besonders gut, wenn es gelingt, mit ihnen stabile Netzwerke aufzubauen. Diese zeichnen sich u. a. dadurch aus, dass die beteiligten Partner gemeinsame Absichten und Interessen verfolgen und sich gegenseitig in ihrer Selbstständigkeit respektieren, um von den Interdependenzen, die durch die Kooperation entstehen, zu profitieren. Dazu müssen die Aktivitäten in gemeinsamer Kooperation und freiwilliger Beteiligung an der Gestaltung koordiniert werden. Zudem sind eine grundsätzliche Kompromissbereitschaft und gegenseitiges Vertrauen unverzichtbare Voraussetzungen.

2 Bewegung und Bewegungserziehung in der inklusiven Kita

Inklusion als Leitziel in und für Einrichtungen der Pädagogik der frühen Kindheit stellt sich der Aufgabe, Bildungsgerechtigkeit für alle Kinder anzubahnen. Das allgemeine Recht auf Bildung, Teilhabe und Schutz vor Diskriminierung begründete bereits die UN-Kinderrechtskonvention aus dem Jahr 1989.

Für eine qualitativ gute inklusive Praxis müssen Bildungssysteme neben den im Kapitel zuvor beschriebenen institutionellen und personellen Rahmenbedingungen auch auf der konkreten Fachebene, d.h. in der Arbeit mit dem Kind, neue Impulse setzen. Dazu sind die auf Länderebene in den jeweiligen Bildungsprogrammen formulierten Standards zu berücksichtigen, die der individuellen und gesellschaftlichen Bedeutung frühkindlicher Bildungsprozesse gerecht werden. Bildungsprozesse sind dann erfolgreich, wenn ein Kind selbsttätig und eigenaktiv vielfältige Erfahrungen sammeln kann.

> *„Das Bewusstsein für die angeborene Neugierde und Erkundungsbereitschaft sowie das Wissen über die Stärken und Bedürfnisse des Kindes sind wichtige Ausgangspunkte für die Begleitung und Förderung gelingender und ganzheitlich angelegter frühkindlicher Bildungsprozesse“ (NRW Bildungsgrundsätze 2016, 17).*

2.1 Der Bildungsbereich Bewegung im Kontext der anderen Bildungsbereiche

Jedes Bundesland schafft mit seinem jeweiligen Bildungsplan einen Orientierungsrahmen, auf dessen Basis Kindertageseinrichtungen unter Einbezug der Vorgaben ihres Trägers individuelle Einrichtungskonzeptionen erstellen können. Zu den Bildungsbereichen, die in allen Bildungsplänen berücksichtigt werden, gehören:

- Sprache, Schrift, Kommunikation
- Personale und soziale Entwicklung, Werteerziehung/religiöse Bildung
- Mathematik, Naturwissenschaft, (Informations-) Technik
- Musische Bildung/Umgang mit Medien
- Körper, Bewegung, Gesundheit
- Natur und kulturelle Umwelten

„Bewegung ist [nicht nur, Erg. d. Verf.] eine elementare Form des Denkens“ (Piaget, zit. n. NRW Bildungsgrundsätze 2016, 78), sondern auch ein natürliches Grundbedürfnis aller Kinder und steht in untrennbarem Zusammenhang mit der kognitiven, emotionalen und sozialen Entwicklung. Als „Bildungsbereich“ ist Bewegung grundlegend für alle anderen Bereiche. „So werden zum Beispiel die Sprachentwicklung und das mathematische Grundverständnis durch das Ermöglichen vielfältiger Bewegungserfahrungen positiv unterstützt“ (NRW Bildungsgrundsätze 2016, 78).

2.2 Bedeutungsdimensionen von Bewegung unter inklusiver Perspektive

Bewegung kann im Kontext inklusiver Bildung, Erziehung, Förderung und Betreuung aus vielerlei Gründen als ein bedeutsames Thema angesehen werden. Bewegung ist sowohl Lern- bzw. Bildungsgegenstand für alle Kinder („Sich bewegen lernen“) als auch Medium der Bildung („Durch Bewegung lernen“).

Die Bewegungserziehung in Kindertagesstätten knüpft an das natürliche Bewegungsbedürfnis aller Kinder an und eröffnet gerade unter einer inklusiven Perspektive ein breites Erfahrungsfeld. Es werden dabei nicht nur basale Bewegungskompetenzen erworben bzw. erweitert. Im gemeinsamen Spielen und Bewegen werden ebenso Gemeinsamkeiten und Unterschiede entdeckt und Vielfalt erlebt. Im spielerischen Bewegen und im bewegten Spiel ist es oft ganz einfach, sich auf die „Eigenartigkeiten“ und das „Anders-Sein“ der Spielpartner einzustellen, diese zu respektieren und damit kreativ umzugehen. Vor allem in komplexen Situationen ergibt sich immer wieder die Notwendigkeit, miteinander zu kommunizieren und zu kooperieren. Somit steigen die Chancen, dass durch gegenseitige Unterstützung und Verständigung Herausforderungen trotz unterschiedlicher individueller Voraussetzungen in der Gruppe erfolgreich bewältigt werden. Vielleicht bilden die gemeinsamen Erlebnisse sogar Ausgangspunkte für dauerhafte Kontakte und Freundschaften.

Um Ansatzpunkte, Zielsetzungen und mögliche Wirkfaktoren einer inklusiv orientierten Bewegungserziehung in der Kita herausarbeiten zu können, muss zunächst geklärt werden, was unter „menschlicher Bewegung“ bzw. „kindlicher Bewegung“ zu verstehen ist. In der Bewegungs- und Sportpädagogik bzw. in der Sportdidaktik wird dabei seit langer Zeit ein umfassendes und weit über die physikalische Definition im Sinne von „Fortbewegung in Raum und Zeit“ hinausgehendes Verständnis von Bewegung vertreten, das deutlich auf die Mehrperspektivität des Bewegungshandelns abzielt (Grupe 1976; 1984; Funke-Wieneke 2004; Kurz 1979; Zimmer 2006).

In diesem Sinne lassen sich, mehr oder weniger unabhängig vom Lebensalter und von einzelnen Entwicklungsphasen, verschiedene Dimensionen bzw. Funktionen voneinander abheben. So wird z. B. von der „Explorierend-erkundenden Funktion“ gesprochen, wenn Bewegung in ihrer Wirkweise als Medium der Wahrnehmung sowie der Selbst- und Welterkenntnis betrachtet wird. Die „Soziale Funktion“ verweist u. a. auf die Bedeutung von Bewegung beim Aufbau und bei der Festigung sozialer Beziehungen, während die „Personale Funktion“ den Blick auf Bewegung als Medium der Persönlichkeitsentwicklung und die damit im Zusammenhang stehende zentrale Bedeutung für den Aufbau eines positiven Körper- und Selbstbildes richtet. Bewegung dient darüber hinaus auch als körperliches Ausdrucksmittel von Einstellungen, Gefühlen und Bedürfnissen („Expressive Funktion“) sowie als Auslöser von Gefühlen und Empfindungen („Impressive Funktion“). Nicht zuletzt betont die „Komparative Funktion“ das Vergleichen und „Sich-Messen“ mit anderen in sportlichen Zusammenhängen.

In dem hochschulübergreifenden Forschungsprojekt „BiK“ – Bewegung in der frühen Kindheit (gefördert vom Bundesministerium für Bildung und Forschung BMBF; Förderkennzeichen 01NV1104, 01NV1105, 01NV1106, 01NV1107) wurden diese Funktionen vor dem Hintergrund der nationalen und internationalen Fachliteratur sowie der bundesrepublikanischen Bildungs- und Erziehungsempfehlungen auf ihre Plausibilität hin untersucht, um letztlich für das Handlungsfeld Kindertagesstätte bzw. für den Altersbereich von null bis sechs Jahren eine Kategorisierung vorzunehmen, die (Bewegungs-)Bildung in der und für die pädagogische Praxis theoretisch fundiert. Diese Kategorisierung von Zielen, Sinn und Bedeutung von Bewegung für Bildungs- und Entwicklungsprozesse zeigt vier Hauptkategorien bzw. Bedeutungsdimensionen (Abb. 3). Daraus lassen sich nicht nur allgemeine Konsequenzen für die Planung und Umsetzung von Bewegungsangeboten ableiten. Sie bietet vielmehr auch nachvollziehbare Begründungszusammenhänge für eine inklusiv orientierte Bewegungserziehung.

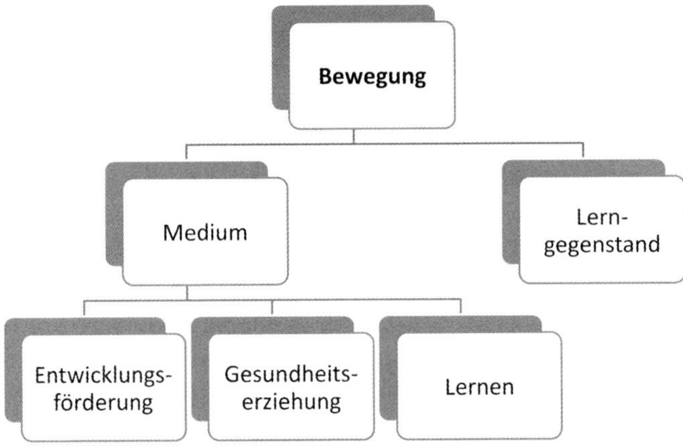

Abb. 3: Kategorisierung der Bedeutungsdimensionen von Bewegung

Bewegung als Bildungs- bzw. Lerngegenstand

Das Recht aller Kinder auf Bildung bedeutet auch das „Recht auf Bewegungsbildung“. Bewegungserzieherische Angebote in der Kita müssen für alle Kinder einen Beitrag zur umfänglichen und weitestgehenden Ausbildung bzw. Förderung der motorischen Kompetenzen bzw. der körperlichen „Konstitution“ zum Ziel haben. Dieser Auftrag an die Kita ist, wenn auch mit unterschiedlichen Bezeichnungen und Akzentuierungen, in den Bildungsplänen deutlich ausgewiesen, z. B. „Bewegung, Rhythmik, Tanz und Sport“ (Bayern); „Lernbereich und Erfahrungsfeld Körper-Bewegung-Gesundheit“ (Niedersachsen); „Motorische und gesundheitliche Bildung“ (Thüringen) (Deutscher Bildungsserver 2019).

Alle Kinder, ob mit oder ohne Behinderung, bringen von sich aus eine natürliche Bewegungsfreude und die Motivation mit, sich selbst bzw. ihren Körper in all seinen Funktionen zur erproben und ihr Bewegungsrepertoire zu erweitern. Dies bildet den Ansatz- und Ausgangspunkt für (bewegungs-)pädagogische Einflussnahme, die allerdings nicht den Charakter eines direktiven und programmatischen Vorgehens annehmen und sich nicht in einem Setting abspielen darf, in dem motorische Fähig- und Fertigkeiten durch vorgegebene Übungsabfolgen oder gar „Trainingseinheiten“ vermittelt werden sollen. Ebenso wenig angebracht ist ein „Sportartenkonzept“. Vielmehr geht es darum, auch schon in der Krippe, eine variationsreiche bewegungsanregende Atmosphäre zu schaffen, die Eigenaktivität und Selbstwirksamkeitserfahrungen zulässt.

Bildungs- und Entwicklungsbeobachtung ist seit längerer Zeit eine Kernaufgabe pädagogischer Fachkräfte. Zu deren Gelingen tragen zum einen ungerichtete Beobachtungen im alltäglichen Geschehen in der Kindertagesstätte bei (Schäfer/Alemzadeh 2012). Zum anderen bedienen sich pädagogische Fachkräfte auch spezieller Verfahren, um ein ressourcenorientiertes Bild vom einzelnen Kind zu erhalten (Laevers 2009; Leu/Flämig 2007; Andres/Laewen 2002; Ulich/Mayr 2006). Die so gewonnenen Erkenntnisse können sicherlich auch gelenkten Bewegungsaktivitäten, in der „Bewegungsstunde", helfen, abgestimmt auf spezielle Förderbedürfnisse gezielte Angebote zu unterbreiten und individuelle Impulse zu setzen.

Während die anderen Bedeutungsdimensionen von Bewegung „Erziehung durch Bewegung" in den Mittelpunkt stellen, geht es hier zunächst um die „Erziehung zur Bewegung", d. h. um die „Bewegungsbefähigung" der bzw. aller Kinder. Im Rahmen des gesamten Bildungsauftrages der Kita stellt die Vermittlung von Bewegungskompetenz eine bedeutsame Aufgabe dar. Bewegungskompetenz ist nicht nur ein Mittel der individuellen und sozialen Selbstverwirklichung (Bahr et al. 2012), sondern auch eine zentrale Voraussetzung für die lebenslange Teilhabe am gesellschaftlichen Subsystem „Sport" und wird in diesem Sinne zu einem unverzichtbaren Bildungsgut (Beudels 2007).

> *„Das ‚Sich-Bewegen' [ist] eine eigenständige, durch keine andere Verhaltensweise wirklich zu ersetzende menschliche Weltbegegnung und Welterfahrung […]. Deshalb gehört es zu einer anthropologisch einsichtigen Menschenbildung, das Sich-Bewegen anzuregen und zu kultivieren. Menschen können springen, laufen, werfen, schwimmen, gestisch Bedeutungen ausdrücken und vieles andere mehr" (Funke-Wienecke 1997, 113).*

Für jedes Kind bzw. für jeden Menschen gilt: Wer lebenslang Sport treiben möchte, muss sich bewegen können! Der Lerngegenstand „Bewegung" ist durch keinen anderen ersetzbar. Die Kita als Lern-, Erfahrungs- und Lebensraum soll hierzu allen Kindern zur Verfügung stehen und „dienlich" sein. Das bewegungspädagogische Angebot bezieht damit auch Kinder mit körperlichen und geistigen Einschränkungen ebenso wie Kinder mit Verhaltensproblemen und Kinder aus anderen Kulturkreisen ein und sichert trotz möglicherweise vorhandener Grenzen den Erwerb bzw. Aufbau motorischer Grundeigenschaften sowie maximale Entfaltungsmöglichkeiten. Dabei geht es um folgende Fähigkeiten:

- **konditionelle Fähigkeiten:** z. B. Ausdauer, Kraft, Schnelligkeit, Beweglichkeit
- **koordinative Fähigkeiten:** z. B. Gleichgewichtsfähigkeit, Kopplungsfähigkeit, Umstellungsfähigkeit, Differenzierungsfähigkeit, Reaktionsfähigkeit, Orientierungsfähigkeit, Rhythmisierungsfähigkeit

Die konditionellen und koordinativen Fähigkeiten bedingen wiederum das Erlernen der Grundtätigkeiten des Bewegens bzw. der motorischen Fertigkeiten, wie z. B. Greifen, Gehen, Laufen, Springen, Klettern und Werfen.

Neben der Bewegungskompetenz „an sich" bilden ebenso die Selbst- und Sozialkompetenz weitere wichtige Voraussetzungen, um sich überhaupt gemeinsam mit anderen in sinnvollen Zusammenhängen bewegen und miteinander spielen, aber auch das Geschehen verantwortlich mitgestalten zu können. So ist z. B. die Kooperationsfähigkeit vor allem in Mannschaftspielen bzw. -sportarten von entscheidender Bedeutung.

> *„Um hier teilhaben zu können, müssen sich Individuen in eine Mannschaft integrieren, Teamfähigkeit zeigen, sich aufeinander bei Spielzügen beziehen, die anderen mitdenken. Hier zeigt sich, dass sowohl Selbst- und Sozialkompetenz als auch kognitiv-taktische Grundlagen als Elemente der Mitgestaltungskompetenz benötigt werden" (Bahr et al. 2012).*

Unter einer inklusiven Perspektive bietet das bewegungspädagogische Angebot in der Kita ein wertvolles Erfahrungs- und Erprobungsfeld. Sensibel und adressatengerecht arrangiert, ergeben sich für die Kinder zahlreiche Gelegenheiten, die eigene und die fremde (Bewegungs-)Kompetenz einzuschätzen, damit auch eigene Grenzen oder Schwächen zu erkennen und zu akzeptieren. Sie nehmen wahr, dass jedes Kind mit seinen individuellen Fähigkeiten etwas zum Gelingen eines Spiels beitragen kann. Nicht zuletzt wächst die Wahrscheinlichkeit, dass sich im und durch das gemeinsame Bewegen individuelle „Bewältigungsstrategien" entwickeln.

So lernt z. B. ein impulsives Kind vielleicht, sich in bestimmten Situationen zurückzuhalten und seine Aufmerksamkeit zu steuern, damit der gute Spielausgang nicht gefährdet wird. Ein Kind mit einer Körperbehinderung entdeckt vielleicht eine „ganz eigene Technik" oder ein Hilfsmittel, einen „Trick", um einen Ball sicher zu fangen und zu werfen oder ein Hindernis zu überwinden. Schwierigkeiten in der Sprache und beim Sprechen können überwunden werden und dann keine Rolle mehr spielen, wenn man merkt, wie gut man sich mit Gesten, „Händen und Füßen", verständigen kann (Abb. 4).

Abb. 4: Zusammenhang von Mitgestaltungs- und Bewegungskompetenz

Sich-Bewegen-Können bedeutet damit, dass ein Kind nicht nur die Grundformen des Bewegens beherrscht, also motorisch kompetent ist, es kann „mitspielen“ (Teilhabe), sondern auch, dass das vorhandene Bewegungsrepertoire und der Körper als Instrument bzw. Werkzeug zur Lösung weiterer Aufgaben und Anforderungen bzw. zum Wissenserwerb, aber ebenso für die Mitgestaltung und Weiterentwicklung von Handlungs- und Spielsituationen (Teilgabe) genutzt werden kann.

> *„Illustriert werden kann dies anhand der Greifentwicklung. Nach dem Abbau des Greifreflexes gelangt das Kind zu der Erkenntnis, dass seine Hände zu ihm gehören und willentlich steuerbar sind. Über zahlreiche Erfahrungen lernt das Kind gezielt nach Dingen zu greifen, diese zu umfassen, z. B. zum Mund zu führen, an andere zu übergeben und auch wieder los zu lassen. Später lernt es zu werfen und zu fangen. Ohne diese elementaren Fähigkeiten wäre beispielsweise ein späteres Basketball- oder Handballspielen [auch in behinderungsspezifischen Gruppen, Erg. d. V.] nicht möglich“ (Bahr et al. 2012).*

Dieses Beispiel illustriert zum einen, dass im Mittelpunkt dieses Lernfeldes der Weg von den fundamentalen Bewegungen hin zum elementaren und sportbezogenen Sich-Bewegen steht. Zum anderen zeigt es, hier unter einer konkreten inklusiven Perspektive, dass es eine bedeutsame Aufgabe der Kita bzw. zentrale Zielsetzung bewegungspädagogischer Bemühungen ist, gerade für Kinder mit Behinderung, einen Beitrag zur späteren Anschlussfähigkeit an das „System Sport“ zu leisten. Dies bedeutet dabei mehr als die Nutzung der mittlerweile zahlreich vorhandenen Eltern-Kind-Bewegungsangebote oder die Mitgliedschaft im „Kinderturn-Club“ des Deutschen Turner-Bundes. Ziel ist ebenso die Befähigung zur aktiven Teilnahme am Behindertensport im leistungs-, breitensportlichen sowie im Freizeitbereich.

Das Sportsystem zeigt in dieser Hinsicht nicht nur mit der Etablierung und Ausdifferenzierung des Behindertensports eine zunehmende Kompatibilität zum Bildungsbereich (Beudels 2014). So verweisen z. B. schon die Generalaussagen des DSB zum „Sport für alle“ (DSB 1972) auf Anpassungsbemühungen an gesellschaftliche und kulturelle Veränderungen. Hier wurde ausdrücklich auf die Bedeutung einer leichten Zugänglichkeit zu sportlichen Angeboten für Menschen mit unterschiedlichen Bedürfnissen und Erfordernissen verwiesen. In diesem Zusammenhang wurde verstärkt die gesellschaftspolitische Verantwortung für soziale Randgruppen in den Blick genommen.

Weitere Programme des DOSB unterstreichen diese positive Entwicklung, so z. B. „Sport mit Aussiedlern“, 1989, und „Integration durch Sport“ 2002 (vgl. DOSB 2019).

> *„Die öffentliche Wertschätzung und die administrative (auch finanzielle) Unterstützung des organisierten Sports basiert bis heute ganz wesentlich auf der Annahme, dass der Sport und seine Vereine für die Gesellschaft unverzichtbare soziale Funktionen erfüllen, insbesondere in den Bereichen Integration und Sozialisation"* (Seibel 2012, 1).

Sicherlich ist es (für Kinder mit Behinderung) ein weiter Weg von der Kita in den organisierten Sport. Aber die erfolgreiche Nutzung der vorhandenen Strukturen und Organisationen bzw. die Teilhabe am regelmäßigen vereinsmäßig durchgeführten Wettkampfbetrieb, der zwar in Leistungsklassen unterteilt ist, aber prinzipiell für alle Menschen, d. h. unabhängig von Nationalität, Herkunft und sozialer Schicht, offen ist, wird hier vorbereitet. Zudem finden sich zunehmend auch Angebote innerhalb des Vereinswesens, abseits des Leistungssports. Das Spektrum des Behindertensports hat sich somit sehr stark erweitert und erstreckt sich inzwischen auch auf jüngere Kinder. Es existieren attraktive Angebote zur spielerischen und kindgemäßen Hinführung zu zahlreichen Sportarten, weit über den üblichen Rollstuhlsport hinaus (Homepage des DBS: www.dbs-npc.de). Zudem

> *„bieten die Sportvereine vor allem ihren jugendlichen Mitgliedern inzwischen fast selbstverständlich sportübergreifende Angebote wie Ferienspaßaktionen, Fahrten, Bildungsveranstaltungen, Kinderfestspiele, Seminare, Lehrgänge, Feste aller Art, Discos und Tanzveranstaltungen, Bastelgruppen, Boßeln…"* (Kreft 2001, 10 f.).

Bewegung als Medium der Entwicklungsförderung

Wenn sich Kinder bewegen und ihnen dabei ein umfassendes „sinnvolles" Angebot zur Verfügung steht, hat dies weit mehr Folgen, als dass ihr Bewegungsrepertoire und ihre motorischen Kompetenzen „an sich" ausgebildet und erweitert werden. Bewegung – zumal in der frühen Kindheit – ist ein zentrales Medium der Förderung der gesamten Persönlichkeitsentwicklung.

Das kindliche Handeln ist als Erkundungsaktivität und Wahrnehmungslernen zu verstehen und als ein aktives Suchen des Kindes nach sinnvollen Angeboten in seiner Umwelt, um seine Handlungsziele zu verwirklichen (Fischer 2008).

Bewegungsaktivitäten haben also fundamentale und gleichzeitig verbindende Funktionen für die kognitive, körperliche, soziale und emotionale Entwicklung. Positive Bewegungserfahrungen, die durch das eigene Handeln und die damit einhergehenden Rückmeldungen gesammelt werden, leisten vor allem im Kindesalter einen unersetzlichen Beitrag bei der Strukturierung der kindlichen Persönlichkeit (Fischer 2013).

Im Bereich der kognitiven Entwicklung kommt es auf diese Weise zur Ausbildung allgemeiner Handlungsfähigkeit, insbesondere von Planungs- und Reflektionskompetenz, und zur Ausdifferenzierung des Wahrnehmungssystems. Diese sind wiederum unabdingbare Voraussetzungen für komplexe Lernprozesse bzw. für den Auf- und Ausbau von Wissen.

Bewegungsaktivitäten finden aber auch in großen Teilen in der Auseinandersetzung mit der personalen Umwelt statt. Das gemeinsame Handeln, Bewegen und Spielen erweist sich als ein weites Erfahrungsfeld im Hinblick auf eine gelingende soziale Entwicklung. In vielfältigen Situationen werden Fertigkeiten erlernt, erweitert und immer wieder auf die Probe gestellt, die nicht nur die Kontaktaufnahme und Kommunikation mit anderen ermöglichen, sondern auch zu einem vertrauensvollen, sensiblen und kooperativen Umgang miteinander führen, trotz eventuell erheblicher individueller Unterschiede. Eine entscheidende Voraussetzung für inklusive Bildung bzw. ein für alle Kinder befriedigendes Aufwachsen und Leben in Vielfalt ist ein Verhalten, das von Respekt, Toleranz und Rücksichtnahme geprägt ist.

Hiermit gerät auch der emotionale Entwicklungsbereich in den Fokus, in dem ebenfalls Bewegung als „Medium" eine große Rolle spielt. Vor allem über Eigenaktivität und die Erfahrung von Selbstwirksamkeit entwickeln sich Sicherheit und Zutrauen in die eigenen Fähigkeiten. Erfolgreichen Aktivitäten folgen neue Wagnisse. Aber auch Misserfolge, die dem eigenen Handeln zugeschrieben werden, können in einer Weise verarbeitet werden, die nicht zum Rückzug führt, sondern zu weiteren Versuchen motiviert.

In diesem Zusammenhang muss auf die hohe Bedeutung der kindlichen Bewegung bei der Ausbildung des sog. „Selbstkonzepts" als die Summe von „Einstellungen und Überzeugungen zur eigenen Person" (Zimmer 2012, 50 f.) verwiesen werden.

Basis des Selbstkonzeptes ist zum einen das „Selbstbild" des Kindes, in dem sich sowohl die gewonnenen Erfahrungen des Kindes durch die Auseinandersetzung mit seiner personalen und dinglichen Umwelt spiegeln, aber auch die Erwartungen und Anforderungen an das Kind seitens der Umwelt niederschlagen. Während hier das neutrale Wissen über die eigene Person Eingang findet, kommt im „Selbstwertgefühl" als bewertende Komponente der Grad der Zufriedenheit mit den eigenen Fähigkeiten zum Ausdruck.

„Ob ein Kind Vertrauen in die eigenen Fähigkeiten hat oder ob es diese nur gering einschätzt, ob es aktiv auf andere zugeht oder sich eher abwartend verhält, ob es bei Schwierigkeiten schnell aufgibt oder sich durch diese geradezu

> *herausgefordert fühlt – all das ist abhängig von dem Bild, das das Kind von sich selbst hat" (Zimmer 2012, 51).*

Der Aufbau des Selbstkonzepts erfolgt letztlich über die Fragen: „Wer bin ich?" und „Wer bin ich im Vergleich zu anderen?" (Zimmer 2012, 50), deren Antworten sich aus den Informationen der Sinnessysteme und aus den Erfahrungen der Wirksamkeit des eigenen Verhaltens ergeben, aber auch Schlussfolgerungen aus dem Sich-Vergleichen und Sich-Messen mit anderen sind. Darüber hinaus spielen ebenso Zuordnung bzw. Zuschreibungen von Eigenschaften durch andere Personen eine große Rolle (Bahr et al. 2012).

Auch motivationale Aspekte der Selbstwirksamkeit sind bedeutsam bei der Entwicklung eines überdauernden Gefühls der Gewissheit, das eigene Leben kontrollieren zu können, zu wissen, welche Kompetenzen evtl. trotz Handicap zur Bewältigung möglicher Probleme zur Verfügung stehen und wie diese sinnvoll sowie zunehmend effektiver eingesetzt werden können (Zimmer 2006, 51 ff.). Im Zusammenspiel bzw. -wirken von Eigenaktivität und der Bewertung der „Leistung" durch sich selbst und andere erweitert sich der Erfahrungsschatz. Damit wird eine realistische Vorstellung und Einschätzung der eigenen Kompetenzen möglich, die auch Grenzen anerkennt und akzeptiert. Erfolgs- wie Misserfolgserlebnisse wirken sich also auf das Selbstwertgefühl sowie auf die Leistungsmotivation aus (Krus 2004, 54 f.).

> *„Die Bewegungsaktivität ist ein kindgerechtes Mittel bei der Moderierung der Selbstwirksamkeitsüberzeugung und beim Aufbau des Selbstkonzeptes" (Zimmer 2001b, 59 f., nach Fischer 2009, 88–89).*

Fokussiert auf das Thema Inklusion bedeutet dies, dass Bewegung als Medium der Entwicklungsförderung nicht nur auf die Stärkung der gesamten Persönlichkeit gerichtet ist, damit der Zugang zur Welt und ein „Zurechtkommen" in dieser gelingt, sondern ausdrücklich auch auf die Mitgestaltungsfähigkeit abzielt, d. h. auf wirkliche Partizipation im Sinne von Teilhabe sowie Teilgabe. Ziel ist das Ausschöpfen des individuellen Entwicklungspotentials auch bei einschränkenden bzw. eingeschränkten Voraussetzungen.

Daraus lassen sich zentrale Konsequenzen für die Gestaltung (inklusiver) frühpädagogischer Kontexte ableiten. Die Kita ist gewissermaßen in der Pflicht, im weitesten Sinne einen Raum zu bereiten, in dem Selbsttätigkeit und Selbstwirksamkeitserfahrungen ermöglicht oder besser noch „provoziert" werden. Es gilt, Angebote vorzuhalten und vielfältige Gelegenheiten zur „freien" Verfügung zu schaffen, die individuelle Sinnfindung zulassen und individuelle Herausforderungen bieten.

Bewegung als Medium der Gesundheitserziehung

Die Förderung der physischen und psychischen Gesundheit aller Kinder ist ein weiteres umfängliches Ziel pädagogischer Bemühungen in der Kita. Die pädagogischen Fachkräfte haben die Aufgabe, Kinder beim Aufbau eines nachhaltigen gesundheitsbewussten Verhaltens- bzw. Lebensstils zu unterstützen, der aktuell wie überdauernd Wohlbefinden und Lebensfreude ermöglicht. Grundlegend dabei ist ein weites Verständnis von Gesundheit, das alle körperlichen, psychischen und sozial-emotionalen Dimensionen des Menschen mit in den Blick nimmt. Die WHO definierte im Jahre 1948 Gesundheit als „einen Zustand des völligen körperlichen, seelischen und sozialen Wohlbefindens und nicht nur als das Freisein von Krankheit und Gebrechen". Diese eher statische Definition wurde schon vor einigen Jahren abgelöst bzw. erweitert durch eine Vorstellung, die Gesundheit gleichzeitig als Prozess und Resultat der Auseinandersetzung mit den Herausforderungen durch die eigene Person und der Umwelt begreift.

> *„Gesundheit ist das Stadium des Gleichgewichts von Risikofaktoren und Schutzfaktoren, das eintritt, wenn einem Menschen eine Bewältigung sowohl der inneren (körperlichen und psychischen) als auch äußeren (sozialen und materiellen) Anforderungen gelingt" (Hurrelmann 2000, 94).*

Gesundheitserziehung und -förderung in der Kita bedeutet damit in erster Linie, Kindern Raum und Gelegenheiten zu bieten, in dem bzw. mit deren Hilfe sie ihre individuellen Stärken und Ressourcen entwickeln und erweitern können. Bewältigt ein Kind die sich ihm stellenden Herausforderungen aus eigener Kraft, führen diese positiven Erfahrungen wiederum dazu, dass ihm immer mehr Schutzfaktoren, sog. „protektive Faktoren", zur Verfügung stehen. Das Kind wird widerstandsfähiger, „resilient" (wörtlich „elastisch") gegenüber Risiken, Gefahren sowie „ungesunden Einflüssen" und kann kompetent handeln.

> *„Resilienz ist ein sich im Interaktionsgeschehen entwickelndes Beziehungskonstrukt, das ein Ergebnis eines Prozesses zwischen einem Kind, seinen Bezugspersonen und Pädagogen, auch zwischen ihm und seinen Geschwistern und gleichaltrigen Sozialisationspartnern ist. Sie entsteht in vielfältigen Situationen, die jeweils eine besondere Herausforderung darstellen und ein bestimmtes Bewältigungsgefühl zurücklassen" (Haug-Schnabel 2012, 12).*

Bewegungserzieherische Angebote bzw. Bewegung können nachweislich eine immense Rolle beim Erwerb personaler (z. B. kognitiver, körperlicher, sozialer und emotionaler) Kompetenzen und sozialer Ressourcen (z. B. verlässliche Beziehungen, soziale Unterstützung, Netzwerk) spielen.

Im Gegensatz zur Schule findet in der Kita keine Auslese statt. D. h. alle Kinder können erreicht, gefördert, in ihrer Entwicklung und in ihren Bildungsprozessen unterstützt werden. Eine gute – bewegungsreiche und bewegungsorientierte – Gesundheitserziehung ist somit ein inklusiv ausgerichtetes Angebot „an sich", von dem jedes Kind auf seine Weise profitieren kann. Dies ist nicht nur vor dem Hintergrund der Tatsache zu sehen, dass die Verhältnisse, unter denen Kinder im 21. Jahrhundert aufwachsen und die mit Merkmalen wie Urbanisierung, Technisierung, Mediatisierung, Massenkonsum, Verhäuslichung, Verinselung usw. beschrieben werden, erhebliche negative Folgen für die körperliche und motorische Entwicklung bzw. die körperliche Fitness haben (WIAD-Studie 2004). Bewegung als Medium der Gesundheitserziehung bietet damit auch und gerade wertvolle Unterstützung bei der Ausbildung von Bewältigungsstrategien für Kinder mit besonders belastenden Entwicklungs- und Lebensbedingungen und Benachteiligungen, seien es ein ungesunder Lebensstil in der Familie, fehlende Zugänge zu Bewegung, Spiel und Sport außerhalb der Kita oder ein körperliches oder psychisches Handicap.

Bewegungs- und Spielangebote unter der Perspektive „Gesundheit" zeigen ein weites Spektrum an Themen mit jeweils mehr oder weniger spezifischen pädagogischen Zielsetzungen. Die Förderung der allgemeinen Leistungsfähigkeit bzw. von Kraft, Ausdauer und Koordination, ein stabiles Herz-Kreislauf-System und ein gutes Immunsystem, die Beherrschung des eigenen Körpers und die Gewissheit, über diesen verfügen zu können, sind mehr als rein funktionelle Ziele und bewirken weit mehr als eine gute Körperhaltung und körperliche Konstitution. Vielfältige und sinnesreiche, vor allem auch freudvolle Aktivitäten erweitern das kindliche Handlungsrepertoire insgesamt. So bildet sich ein Rüstzeug, um die nächsten Hürden erfolgreich zu überwinden bzw. die nächsten schwierigeren Aufgaben zu meistern. Die Körperkonstitution und motorische Handlungskompetenz bestimmen maßgeblich die Bewältigung der sozialen und materiellen Anforderungen des kindlichen Alltags (Krell/Bös 2012).

Bewegung als Medium der Gesundheitserziehung ist ebenso unter dem Aspekt der Sicherheits- und Verkehrserziehung zu sehen (Krus/Bahr 2016). Bewegungsaktivitäten verbessern neben der Körperkontrolle auch die Wahrnehmungs- und Konzentrationsfähigkeit. In komplexen Spielsituationen lernen Kinder zu fallen, sich abzufangen, mögliche Gefahren vorherzusehen sowie schnell und angemessen auf Unvorhersehbares zu reagieren (z. B. durch Abstoppen). Die hier gewonnene Fähigkeit, Situationen realistisch einzuschätzen und handlungsfähig zu sein – auch bei eventuell vorhandener körperlicher Einschränkung, senken das Unfallrisiko (Dordel 2005). Die Entwicklung einer allgemeinen Risikokompetenz, die Reduktion von Verletzungsgefahr und das kalkulierte Eingehen von Risiken sind pädagogisch bedeutsame Zielsetzungen (Krus/Bahr 2016; Stöppler/Havemann 2009).

Ein weiterer wichtiger Aspekt in diesem Zusammenhang ist das Thema „Ernährung". Übergewicht bzw. Adipositas, auch Diabetes, wird seit einiger Zeit immer häufiger schon im Kindesalter beobachtet (WIAD 2004, Robert-Koch-Institut 2018). Hier gibt es sicherlich Kinder, bei denen eine entsprechende Veranlagung vorliegt. Andererseits ist mittlerweile gut belegt, dass Migrationshintergrund und ein niedriger sozialer Status in enger Verbindung zu Fehl- und Mangelernährung und damit auch zu körperlicher Inaktivität zu sehen sind. Ebenfalls zeigen Untersuchungen, dass Menschen mit körperlicher wie psychischer Behinderung eher Gefahr laufen, ein bewegungsarmes Leben zu führen und sie zu wenig Anregung finden. Dies untermauert nochmals deutlich, wie wichtig motivierende gesundheitsfördernde Bewegungsangebote für alle Kinder in der Kita sind.

Bewegte Gesundheitserziehung in der Kita setzt sich darüber hinaus auch zum Ziel, Kindern zu vermitteln, wie sie sich entspannen können. In der heutigen Zeit stehen viele Kinder unter einem immensen Zeit- und Leistungsdruck, der zu erheblichen psychischen Belastungen führen kann. Sicherlich besonders gefährdet sind dabei diejenigen, denen aus unterschiedlichen Gründen weniger individuelle und soziale Ressourcen zur Verfügung stehen. Den eigenen Körper zu spüren und das Wechselspiel von Spannung und Entspannung bzw. Ruhe und Bewegung wahrzunehmen, führt zu situativem und nachhaltigem Wohlbefinden, baut Stress ab und wirkt präventiv gegenüber weiteren (psychischen) Belastungen (Quante 2003; Krus/Bahr 2016).

Bewegung als Medium des Lernens

Jedes Kind trägt selbst aktiv und selbsttätig zur eigenen Entwicklung und Bildung bei, dies gilt selbstverständlich auch für ein Kind mit Behinderung. Dazu benötigt es aber auch mehr oder weniger Begleitung und Unterstützung durch den Erwachsenen und eine anregende Umgebung. Wenn auch im Elementarbereich unterschiedliche und kontrovers diskutierte Bildungsansätze auszumachen sind, hier ist vor allem auf die Auseinandersetzung zwischen den Vertretern des sog. „Selbstbildungsansatzes" (Schäfer 2011) und denen des „Kompetenzansatzes" (Fthenakis/Textor 2000) zu verweisen, scheint es doch unstrittig, dass kindliche Aktivität und kindliches Handeln als entscheidende Triebfedern für die kognitive Entwicklung anzusehen sind. Schon seit langer Zeit werden

Fragen danach gestellt, wie Kinder lernen, wie sie Wissen und Kompetenzen aufbauen, was Lernen fördert und hemmt, aber auch danach, welche Anteile daran das Kind selbst bzw. die „Erzieherinnen" haben.

So entwickelte schon im 19. Jahrhundert der französische Arzt Séguin (1812–1880) die sog. „Physiologische Methode", die mit dem Einsatz von Sinnesmaterialien und Bewegung Bildungs- und Lernprozesse vor allem bei Kindern mit einer geistigen Behinderung anregen sollte. Auch die sog. „Philanthropen", wie Basedow (1724–1790), Vieth (1763–1836) und Guts Muths (1759–1839) betonten immer wieder die überragende Bedeutung der „Sinne" und des „Leibes" für die „Erkenntnis der Welt". Darüber hinaus ist Pestalozzis (1746–1827) Forderung nach „Lernen mit Kopf, Herz und Hand" längst zu einem geflügelten Wort geworden und hat sich auch in heil- und sonderpädagogischen Ansätzen niedergeschlagen. Auch Montessori (1870–1952) verwies auf die überragende Bedeutung selbstgesteuerten Handelns vor allem in den drei ersten Lebensjahren. Sie sieht die Entwicklung der Hand in enger

> *„Verbindung mit der Entwicklung der Bewegung und Intelligenz, des aufrechten Ganges und der Sprache sowie der emotional-sozialen und sittlich-moralischen Dimension des kindlichen Menschen"* (Holtstiege 2004, 31)

und zieht daraus Konsequenzen für die Gestaltung des Erziehungsprozesses bzw. des pädagogischen Angebots (z. B. Angebote zum Tasten, Berühren und Greifen, Betätigung der Hand und Impulse zur Entwicklung des Gleichgewichtsvermögens usw.).

Aus lern- bzw. entwicklungspsychologischer Sicht wurde die Bedeutung kindlicher (Eigen-)Aktivität bzw. Bewegung im Konstruktionsprozess von Wissen durch Piaget (1896–1980) erstmals systematisch erforscht und beschrieben. Die Ergebnisse seiner Arbeiten hatten großen Einfluss nicht nur auf die Gestaltung von Unterricht, sondern auch auf das Arrangement von Bildungsangeboten in Kindertageseinrichtungen und ebenso auf die Konzeption und Praxis von Maßnahmen für Kinder mit spezifischem Förderbedarf. Für alle gilt: Erfolgreiche Bildung und nachhaltiges Lernen sind an Eigenaktivität und Handeln bzw. an Bewegung geknüpft.

In der Kita werden diese Zusammenhänge weitgehend berücksichtigt und genutzt. Bewegung und Spiel werden als zentrale Medien des Lernens verstanden. Allerdings findet sich in der Praxis ein Spannungsfeld von Kitas mit „Programmatischen und stark strukturierten Angeboten" auf der einen Seite – einhergehend mit Tendenzen zur „Scholarisierung" (Textor 2009) – bis hin zu Kitas, die Kinder im vermeintlich „freien Spiel" völlig sich selbst überlassen, auf der anderen Seite. Dennoch nutzen viele Einrichtungen den großen „pädagogischen

Freiraum“ sinnvoll und bieten variable multisensorische Erfahrungsräume, die individuelle Lernprozesse im Zusammenspiel von Wahrnehmen, Fühlen, Denken, Sprechen und Bewegen ermöglichen.

Lernen in der frühen Kindheit bedeutet damit in erster Linie „Erfahrungslernen“. Der Aufbau grundlegender und überdauernder intellektueller, motorischer, sozialer und emotionaler Kompetenzen vollzieht sich dabei in einem Prozess der „Selbstbildung“ in für das Kind sinnvollen Zusammenhängen (Beudels/Braun 2008). Es ist ein Prozess, in dem Handeln, Empfinden, Fühlen, Denken, Werte, sozialer Austausch, subjektiver und objektiver Sinn miteinander in Einklang gebracht werden müssen und der „Selbst- und Weltbilder zu einem mehr oder weniger spannungsvollen Gesamtbild verknüpft“ (Schäfer 2005, 15).

In der Praxis führt ein solches ganzheitliches Lernen durch und in Bewegung sowohl zur Entwicklung basaler Kompetenzen bzw. Lernvoraussetzungen wie auch zum Erwerb von Wissen in sämtlichen Bildungsbereichen.

> *Denken vollzieht sich zunächst in Form des aktiven Handelns; über die praktische Bewältigung von Problemen gelangt das Kind dann zu ihrer gedanklichen Beherrschung (Breithecker 2001, 212).*

Konkretes Handeln und unmittelbare leiblich-körperliche Rückmeldungen führen zur formalen, verinnerlichten Handlungskompetenz. In diesem Sinne bilden z. B. „grundlegende Raumerfahrungen […] die Basis für die Entwicklung des Orientierungsvermögens, für die Begriffsbildung und den Umgang mit Zahlen“ (Zimmer 2004, 12). Verschiedene Raum-Lage-Positionen vermitteln Beziehungen zum eigenen Körper sowie zu Objekten der Umgebung. Dabei dient das Körperschema als Grundlage räumlicher Orientierung mit ein- und mehrdimensionaler Geometrie.

Im Bereich der Mathematik bzw. des Rechnens und der Physik können in Bewegung Längen und Maße durch den eigenen Körper erfahren, geometrische Figuren dargestellt, im Raum gefunden und zugeordnet werden. Ebenso werden Naturphänomene (z. B. Schwerkraft und Gefälle) durch Bewegungshandeln erlebbar und hinsichtlich ihrer Ursache-Wirkungs-Zusammenhänge verstehbar gemacht.

Sprachliche und begriffliche Kompetenzen werden erworben, geübt und erweitert z. B. dadurch, dass Buchstaben, Zahlen und Formen mit Materialien oder menschlichen Körpern ausgelegt werden. Wörter und Begriffe werden gleichsam ganzkörperlich erfasst und abgebildet (Müller/Obier 2001, 207). Im gemeinsamen Spiel ergeben sich zahlreiche Sprachanlässe, die genutzt werden (müssen), um dasselbe aufrecht zu erhalten und/oder zu einem Ergebnis bzw. Produkt zu kommen.

Vor allem (zunehmend) komplexe Bewegungs- und Spielsituationen fördern den Transfer von Bewegungserfahrungen auf basale schulische sowie metakognitive Kompetenzen. So haben Problemstellungen in Bewegungssituationen nicht nur einen hohen Aufforderungscharakter und bieten verschiedene Schwierigkeitsstufen mit möglicherweise unterschiedlichen Lösungsmöglichkeiten, sondern erfordern (und fördern auch) Aufmerksamkeit, psychische Ausdauer und strategische wie planerische Fähigkeiten.

2.3 Gestaltung inklusiver Bildungs- und Bewegungsräume

Die Gestaltung der Lernumgebung steht in engem Zusammenhang mit erfolgreichen kindlichen Bildungsprozessen. Räume können dabei einladende Möglichkeiten eröffnen oder demotivierend und begrenzend wirken. In der Literatur finden sich zahlreiche Anregungen für eine sinnvolle Gestaltung von Bildungs- und Bewegungsräumen in Kindertagesstätten. Grundlegend ist dabei, dass bei der Gestaltung von Räumen die kindlichen Bedürfnisse berücksichtigt und vielfältige Sinnes- und Lernerfahrungen für alle Kinder geschaffen werden

> *„Räume sollen den unterschiedlichen Bedürfnissen der Kinder gerecht werden, ihren Bedürfnissen nach Ruhe und Aktivitäten, nach Gemeinschaft und Alleinsein, nach Exploration und Ritualen, nach Nahrung, Schlaf, Körperpflege und Bewegung" (Institut für den Situationsansatz 2017, 13).*

Bei der Gestaltung von Räumen sind die bundeslandspezifischen Bildungspläne zu berücksichtigen. Aus den hierbei beschriebenen Bildungsbereichen ergeben sich „Themen", die sich in der Gestaltung der Räume widerspiegeln sollten. Neben den Bildungsbereichen Bewegung und Sprache, die sich als Querschnittsthemen auf sämtliche Räume beziehen, sind dies bspw.: Bauen und Konstruieren, Naturwissenschaften und Technik, Kunst und Gestaltung, Musik, Gesellschaftsspiele, Lesen und Bilderbuchbetrachtung, Entspannung/Ruhe/Rückzug sowie Rollen-/Puppen- und Theaterspiel.

In sämtlichen Bereichen sollten Kinder gemäß ihren Interessen und Kompetenzen selbsttätig sein und ihre eigenen Ideen umsetzen können. Deshalb ist darauf zu achten, dass verschiedene Möbel und Spielmaterialien angeboten werden, die durch unterschiedliche Schwierigkeitsgrade in der Ausstattung (Binnendifferenzierung) und unterschiedliche Materialqualitäten allen Kindern vielfältige Anregungen bieten. Räume sollten Möglichkeiten zum „Austoben", für großflächiges und kleinteiliges Spiel, Spiel alleine und in der Gruppe sowie konzentriertes Spiel gestatten.

Damit alle Kinder selbsttätig sein können, muss die Gestaltung der Räume eine eindeutige Klarheit und Struktur aufweisen. So sollte bspw. ein System geschaffen werden, das allen Kindern ermöglicht, ihre genutzten Spielsachen wieder wegzuräumen. Hierzu können Fotos von Gegenständen, die am Lagerort aufgeklebt werden, dienen. Weiterhin sollten über die Gestaltung der Räume Freiräume geschaffen werden, die kindliches Spiel unterstützen und in einer anregenden und reizminimierten Umgebung Lernbereiche für alle Kinder bieten. Um dies zu gewährleisten, müssen Bildungsbereiche klar definiert sein sowie Material und Möbel frei nach dem Motto „Weniger ist mehr" ausgewählt werden. Selbstverständlich ist auch darauf zu achten, dass das Material sichtbar in Kinderhöhe präsentiert wird und in der gesamten Einrichtung Stauräume gefunden werden, in denen nicht genutztes Material zum Austausch gelagert werden kann.

Im Kontext von Inklusion ist Raumgestaltung zum einen unter dem Gesichtspunkt des Abbaus möglicher baulicher Barrieren zu betrachten. Die Beseitigung muss entsprechende Priorität besitzen, damit alle Kinder unabhängig von ihren motorischen Fähigkeiten optimale Bildungsmöglichkeiten erhalten. Zum anderen ist in einer „inklusionsorientierten" Raumgestaltung darauf zu achten, dass Räume und Material die Vielfalt der Kinder abbilden und allen die Teilhabe am Spiel ermöglichen. In einer entsprechenden Raumgestaltung sollten bspw. diverse Kulturen ebenso sichtbar sein wie unterschiedliche Familienbilder, die Vielfalt der Geschlechter oder Menschen mit Beeinträchtigungen.

> *In einer inklusiven Lernumgebung zeigt sich, was Kinder verbindet und was sie unterscheidet. Dies erfordert einen geschulten Blick der Fachkräfte für Unterschiede. Diversitätsbewusstsein und Diskriminierungskritik sind Schlüsselqualifikationen auf dem Weg zu einer inklusiven Praxis, die Kinder ein neues Verständnis von Normalität ermöglicht und sie erfahren lässt: Es ist normal, dass wir verschieden sind (Institut für den Situationsansatz 2017, 93).*

Neben Büchern, in denen entsprechende Lebenswelten dargestellt werden, können auch Fotos, die sich im Gruppenraum befinden und entsprechendes Spielzeug, wie bspw. Puppen aus verschiedenen Kulturkreisen, Anreize für Kinder schaffen, sich mit der Verschiedenheit menschlicher Lebensformen auseinanderzusetzen. Dies ist insbesondere für Kinder wichtig, die selbst nicht einer vermeintlichen „Norm" entsprechen.

„Sind Kinder in der Lernumgebung sichtbar, empfinden sie dies als Bestätigung der Tatsache, dass sie ‚da' sind und als Teil des Ganzen wahrgenommen werden"

(Institut für den Situationsansatz 2017, 17). So werden Räume zu Bezugssystemen, in denen pädagogische Fachkräfte Werte mit Hilfe von Bildern, Büchern, Spiel- und Bewegungsmaterialien transparent machen und weitergeben.

Die Gestaltung der Räume sollte es Kindern auch über eine sinnvolle Materialauswahl ermöglichen, ihren Fähigkeiten gemäß Erfahrungen in den einzelnen Bildungsbereichen zu sammeln. Räume „vergrößern den sozialen und materiellen Handlungsraum, in dem Kinder Erfahrungen machen" (Institut für den Situationsansatz 2017, 16) und leisten deshalb über ihre Gestaltung einen wichtigen Beitrag für die kindliche Identitätsentwicklung.

Hilfreich sind dabei Materialien wie bspw. Alltags- und Wertlosmaterial sowie Haushaltsgegenstände, die als „offene Materialien" bezeichnet werden können, da sie ohne (verdeckte) didaktische Absicht eingesetzt werden. Materialien wie bspw. Schwämme, Wäscheklammern, Zeitungen, Papprollen und Bierdeckel fordern dabei im Spiel die Kreativität und Fantasie der Kinder heraus und ermöglichen nebenbei durch ihre Beschaffenheit ein vorurteilsfreies Spiel.

In allen Räumen sollte darauf geachtet werden, dass Kindern reale Gegenstände wie bspw. Porzellanteller und -tassen im Puppenspielbereich oder Hammer, Säge und Nägel im Werkbereich zur Verfügung stehen. Reales Material besitzt für Kinder einen hohen Aufforderungscharakter und eröffnet damit das eigenaktive Spiel.

Im Bewegungsraum kann bei der Materialauswahl an das zuvor Beschriebene angeknüpft werden. Auch hier ist es von großer Bedeutung, dass Alltags- und Wertlosgegenstände wie bspw. Wäscheklammern, Papprollen, Teppichfliesen oder Tücher zum Spielen zur Verfügung stehen. Zusätzlich benötigen Kinder eine Auswahl psychomotorischer Übungsmaterialien, die sie zu spontanen Bewegungsaktivitäten animieren. Dies können u.a. Rollbretter, Sandsäckchen, Schwungtücher, Seile, Heulschläuche und Frisbeescheiben sein. Das benannte Material kann im Tagesablauf oder in den Bewegungsstunden abwechslungsreich verwendet werden. Ergänzend sollten sich im Bewegungsraum auch Großgeräte wie Kästen, Bänke und eine Weichbodenmatte befinden. Auch das klassische „Hengstenberg Material" bietet mit seinen Sprossenleitern, Einhängemöglichkeiten und Kleinmaterialien ideale Bedingungen für das eigentätige Spiel der Kinder.

Ziel der Materialauswahl in allen Räumen ist es, die Attraktivität der Bereiche für alle Kinder, unabhängig von ihren motorischen und sprachlichen Fähigkeiten, ihres Geschlecht etc. zu erhöhen. Deshalb sollte das Material vielfältige Spiel- und Übungsmöglichkeiten zulassen, an den Entwicklungsstand der jeweiligen Kinder angepasst sein und nicht reizüberfordernd wirken.

3 Praxisanregungen

3.1 Zielsetzungen und Inhalte

Die übergreifende Zielsetzung einer inklusiven „Bewegungsbildung“ bzw. „Bildung durch Bewegung“ unterscheidet sich prinzipiell nicht von der Zielsetzung, die allen Bildungsbemühungen in der Kita als Richtschnur zugrunde liegt. In Anlehnung an den Humboldtschen Bildungsbegriff ist dies in erster Linie die Bildung der Menschenwürde und die freie Entfaltung der Persönlichkeit des Menschen (Andres/Laewen 2002) oder, ein wenig poetischer formuliert, die

> *„Anregung aller Kräfte eines Menschen, damit diese sich über die Aneignung der Welt in wechselseitiger Ver- und Beschränkung harmonisch proportional entfalten und zu einer sich selbst bestimmten Individualität oder Persönlichkeit führen, die in ihrer Identität und Einzigartigkeit die Menschheit bereichere“ (von Hentig 1996).*

Daraus lassen sich idealtypisch drei „Teilziele“ frühkindlicher Bildung ableiten, die mit Unterstützung durch pädagogische Fachkräfte und individuell ausgerichtete Angebote erreicht werden sollen:

- „Erwerb eines Bildes von sich selbst“
- „Weltaneignung“ bzw. Erarbeitung eines „Weltbildes in seinen materialen und sozialen Dimensionen“
- Erwerb eines „Bildes von sich selbst in der Welt“

Erfolg zeigt sich in einem (zunehmend) sozial verantwortlichen, reflexiven, wissens- und handlungskompetenten Verhalten ebenso wie in emotionalem wie psychischem Wohlbefinden.

Auf den Bildungsbereich Bewegung bezogen setzt dies nach Zimmer (2014, 32) ein Setting voraus, das Selbstwirksamkeitserfahrungen unterstützt und „provoziert“. Ein entsprechender, d. h. kind- und entwicklungsorientierter, „Spiel-Raum“ hält vielfältige Anlässe für Exploration bzw. für multisensorisches Handeln, Bewegen und Spielen – alleine und mit andern – vor, lässt emotionale Ausdrucksmöglichkeiten zu und ermöglicht gegenseitige Wertschätzung im gemeinsamen Tun. Die Wahrnehmung des eigenen Körpers und seiner Möglichkeiten wie Grenzen bzw. die Selbstwahrnehmung über den eigenen Körper wird gestärkt. Mit der Steigerung der Selbstmotivation erhöht sich auch die Wahrscheinlichkeit, trotz unterschiedlicher Voraussetzungen mit- und voneinander zu lernen. Dazu ist es nach Zimmer (ebd.) unabdingbar, dass sich das Kind seiner Kompetenzerfahrungen bewusst wird.

Die meisten der im Hauptteil des Buches beschriebenen Praxisbeispiele sind kaum „Neuerfindungen". Die Spiel- und Übungssammlung ist das Ergebnis einer umfangreichen Sichtung bewegungsorientierter Förder- und Spielpraxis aus dem Feld der Bewegungs- bzw. Sport-, Sonder- und Heilpädagogik sowie in Teilen auch des „historischen Spielgutes". Ziel war es dabei aber nicht, aus dem längst Bekannten und Bewährten einfach auszuwählen und durch Mischung und Umbenennung von Spielen und Übungen einen neuen Katalog zu kreieren, sondern das Vorhandene genauer unter dem Aspekt der gemeinsamen Bildung und Erziehung von Kindern speziell in der Kindertagesstätte – und damit für eine bestimmte Ziel- und Altersgruppe – zu filtern und zu sichten, um es dann für eine inklusive Praxis aufzubereiten und nutzbar zu machen.

Als Hauptquelle der in den folgenden Abschnitten aufgelisteten Spiele und Übungen kann hier neben vielen Hinweisen durch erfahrene pädagogische Fachkräfte vor allem auf den Fundus der sog. „Psychomotorik" verwiesen werden, die „seit jeher einen Ansatz [vertritt], der in seiner Grundhaltung ‚inklusiv' ausgerichtet ist" (Zimmer 2014, 30). Hier existieren zahlreiche „Praxisvorlagen" (Beins/Cox 2011, 2007; Beudels et al. 2013; Lensing-Conrady 2015; Köckenberger 2010; Zimmer 2012). Über die Psychomotorik flossen direkt wie indirekt auch Ideen aus den sog. „New Games" ein, einer in den 60er Jahren des letzten Jahrhunderts entstandenen Spielbewegung, die dem leistungs- und wettkampforientierten Bewegen und Sporttreiben das kooperative „Miteinander-Spielen" entgegen setzte. Ebenso finden sich einzelne Elemente aus der „Rhythmisch-musikalischen Erziehung", der „Zirkus-" und „Erlebnispädagogik" sowie dem „Darstellenden Spiel". Darüber hinaus wurden aus dem weiten Feld der „Alten Kinderspiele" Beispiele ausgewählt, die gut in den Rahmen einer psychomotorisch bzw. inklusiv gestalteten Bewegungserziehung passen.

Die Voraussetzungen, die Weichert in seinem Plädoyer „für eine Sportpädagogik der Vielfalt" für die Auswahl und wirksame Umsetzung von Inhalten im Rahmen eines inklusiv ausgerichteten Sportunterrichts in der Schule benennt, gelten uneingeschränkt auch hier, also für eine inklusiv orientierte Bewegungspraxis in der Kita. Es handelt sich in diesem Sinne um

> *...beliebig weiterdenkbare Möglichkeiten für Bewegungsbeziehungen im Kontext mit bestimmten Inhalten [,die nur funktionieren], wenn eine nicht ausschließlich auf Homogenisierung aufgebaute ‚Attraktivitätsideologie' das gemeinsame Bewegen, Spielen und Sportreiben bestimmt. Heterogenität und ein damit verbundenes attraktives Handeln muss von den Beteiligten gewollt, verstanden und umgesetzt werden (Weichert 2003, 7).*

Das Buch bzw. die Spielesammlung ist also nicht ein vollständiges „Kompendium inklusiver Bewegungspraxis" in der und für die Kita, sondern eine begründete, in acht Schwerpunkte bzw. Kategorien unterteilte Auswahl von Spielen und Übungen, die bestimmte inklusive Aspekte bzw. Zielsetzungen besonders hervorhebt. Die Kategorien überschneiden sich naturgemäß mehr oder weniger stark, und sicherlich wäre bei manchen Spielen und Übungen eine Zuordnung zu einem anderen Schwerpunkt ebenso gerechtfertigt gewesen.

Bewegung und Bewegungskompetenz

Sich bewegen lernen!

- motorische Kompetenzen fördern
- individuelles Bewegungsrepertoires erweitern
- körperliche Fitness erwerben
- basissportliche Fertigkeiten auf- und ausbauen

Achtsamkeit und Respekt

Sich selbst und andere wahrnehmen und respektieren!

- eigene Stärken und Grenzen erkennen und anerkennen
- mit eigenen Schwächen umgehen lernen, trotz eines Förderbedarfs mitspielen, teilhaben und mitgestalten können und wollen
- Unterschiede zu anderen Kindern entdecken und respektieren

Lernen und Wissen

Gemeinsam lernen und Wissen erwerben!

- Wahrnehmungsfähigkeiten erweitern
- Kenntnisse erwerben, Neues entdecken
- Zusammenhänge erkennen
- Fähigkeit zur Planung von Handlungen auf- und ausbauen

Selbst- und Fremdvertrauen

Sich selbst und anderen vertrauen!

- Risiken einschätzen können, aber nicht aus dem Weg gehen
- etwas Neues und Unbekanntes wagen
- Verantwortung abgeben und übernehmen – „etwas wagen und verantworten“
- gemeinsam etwas gestalten und verändern
- das Miteinander als Voraussetzung für ein freudvolles und „sportlich-faires“ Gegeneinander erkennen

Kooperation und Kommunikation

Miteinander handeln und reden!

- Absprachen treffen, Sprachanlässe nutzen
- Sprache und Körpersprache erweitern
- Mitsprechen wollen und können
- Signale, Aufforderungen erkennen und interpretieren
- eigene Ideen einbringen und umsetzen
- Aufgaben übernehmen und verteilen
- dauerhafte und tragfähige Beziehungen knüpfen

Genuss und Erleben

Das „Hier und Jetzt“ genießen!

- sich entspannen können und zur Ruhe kommen
- sich austoben dürfen
- Freude empfinden und überdauerndes Wohlbefinden erzeugen

Ankommen, Kennenlernen und Verabschieden

Einen guten Anfang und ein gutes Ende finden!

- gemeinsam in Bewegung kommen
- „Herunterkommen“
- Geschehenes/Erlebtes reflektieren bzw. zur Sprache bringen
- etwas von der „Stimmung“ in den Alltag mitnehmen

Komplexe Spiel- und Bewegungssituationen

- gemeinsam ein „Thema“ planen, umsetzen und „bespielen“, durch einen „Prozess“ zu einem „Produkt“ kommen

- in unterschiedliche Rollen schlüpfen und verschiedene „Funktionen“ einnehmen
- Ideen aus der eigenen Lebens- und Erfahrungswelt einbringen und in die Spielhandlung integrieren
- selbständig Entscheidungen treffen
- nach Bedarf Wechsel zwischen Einzel-, Partner- und Gruppenhandlungen ermöglichen

3.2 Arrangement

Pädagogische Fachkräfte sollen diese Spiel- und Übungssammlung nicht als etwas verstehen, was im Rahmen der Bewegungserziehung dem Wortlaut nach „eins zu eins“ umgesetzt wird. Wenn auch der Fokus vorwiegend auf „angeleitete Bewegungsaktivitäten“ liegt, sich also auf die regelmäßigen Bewegungsstunden bezieht, und weniger das sog. „Freispiel“ in den Blick nimmt (Außengelände, auf dem Flur...), hat jedes einzelne Spiel eher „Vorschlagscharakter“. Es bildet einen Ausgangspunkt, gewissermaßen einen „Rohentwurf“, um eigene Ideen, aber auch Ideen der Kinder einzubinden, d. h. das Spiel zu variieren und zu erweitern. Die Fachkräfte werden nicht davon entbunden, das Geschehen situativ und bedürfnisgerecht zu gestalten bzw. die „Situation zu didaktisieren“, damit möglichst jedem Kind individuelle Handlungsmöglichkeiten zuteilwerden.

Dennoch muss an dieser Stelle deutlich auf mögliche Grenzen verwiesen werden.

> *Inklusion gelingt nicht auf der Basis einer naiven Sicht des sozialen Umgangs und daraus abgeleiteter einfacher methodischer Schlussfolgerungen! Die Reaktion auf eine vorschnelle Realisierung einer Pädagogik der Vielfalt könnte Abweichung, Überforderung und Resignation sein. Professionalität heißt hier, Grenzen der Entwicklung und Akzeptanz zu erkennen und hierfür geeignete (auch therapeutische) Maßnahmen einzuleiten“ (Fediuk/Hölter 2003, 25).*

In welcher Weise „Bildungsangebote“ für Kinder mit extremen bzw. mehrfachen Behinderungen wirklich ankommen und wie nachhaltig sie sind, ist weder für Schule und (Sport-) Unterricht noch für pädagogische (Bewegungs-) Angebote hinreichend erforscht bzw. belegt.

„Klar ist: Inklusion bedeutet nicht Teilhabe um jeden Preis. Eine pädagogisch reflektierte Exklusion muss langfristig nicht dem Autonomiegedanken und einer Partizipation widersprechen" (Fediuk/Hölter 2003, 25).

Handlungsleitend bei der Auswahl der Inhalte war es, sicherzustellen, dass eine individuelle Anpassung an die jeweilige Gruppe und die Spielidee möglich ist und im Spielen und Bewegen Vielfalt bzw. Unterschiede anerkannt und berücksichtigt werden. Die von Weichert (2003, 6) vorgeschlagenen Lösungsstrategien zur Gestaltung der „Bewegungsbeziehungen" der Handelnden bieten hier eine hilfreiche Orientierung (Tab. 1).

Tab. 1: Bewegungsbeziehungen

Lösungsstrategie/Qualität der Bewegungsbeziehung	**Beispiele für passende Inhalte**
gemeinsames Produkt bei relativer Irrelevanz der Unterschiede	Singspiele, Kooperationsspiele, Wettspiele mit hoher Zufallskomponente
Paarhomogenisierung im heterogenen Kontext	Wettspiele mit reduziertem Individualspiel
heterogenes Tandem mit Kompensation der Unterschiede	Fahren mit Rollbrettern, „soziale" Bewegungs- bzw. Gerätelandschaften
kooperative Spiel- und Bewegungsformen mit Rollendifferenzierung und Regelvarianz	darstellende Spiele, Elemente aus der Akrobatik, Tanzen, Rhythmikspiele
gegeneinander Wettkämpfen mit Regelvarianz und Rollendifferenzierung	Staffeln, Regelspiele, Rückschlagspiele, Zielwurfwettkämpfe, Mannschaftsspiele

Die Gestaltung der Rahmenbedingungen und die methodische Umsetzung folgen der Grundidee, allen Kindern zur gleichen Zeit ein Angebot zu machen, das dennoch Auswahlmöglichkeiten bietet und auf der einen Seite die Besonderheiten der Kinder nivelliert und diese jedoch auf der anderen nutzt bzw. in den Vordergrund rückt.

Dabei dienen Regeln und Rituale als Hilfe und Orientierung, nicht als Gängelung. Die pädagogische Fachkraft unterstützt das Geschehen, indem sie das Handeln und die Äußerungen der Kinder genau beobachtet, ggf. einen Wechsel der Sozialformen einleitet (z. B. vom Gruppenspiel zum Spiel mit einem Partner), Auszeiten für einzelne Kinder ermöglicht und entsprechende Rückzugsmöglichkeiten anbietet und vor allem auch, indem sie das Prinzip der Freiwilligkeit beachtet. Weichert formuliert in diesem Sinne Bedingungen für ein Setting, das wir in Anlehnung an Funke (1979) „Inklusives Milieu“ nennen wollen:

> *„Die grundsätzliche Akzeptanz von Heterogenität als Rahmenbedingung für attraktives Lernen und Spielen, die Betonung der Kooperation, die Wahrnehmung anderer als der eigenen Interessen, die Bevorzugung individueller Leistungsmaßstäbe, ein Verständnis vom Spielgegner als Mitspieler, eine Balance zwischen Spiel- und Ernstcharakter, ein heiteres und lockeres Ambiente und letztlich das Spiel mit dem Spiel“ (Weichert 2003, 7).*

Je nach individuellem Förderschwerpunkt bzw. Förderbedarf helfen der pädagogischen Fachkraft bei der Vorbereitung, Durchführung und auch bei der Reflexion bestimmte Fragen, die im Folgenden mit Hilfe einiger Beispiele verdeutlicht werden sollen.

Emotionale/Soziale Entwicklung

- Entspricht die im Spiel geforderte Gruppengröße den emotional-sozialen Fähigkeiten des Kindes?
- Können emotionale und soziale Erfahrungen im Spiel dem Entwicklungsstand des Kindes entsprechend berücksichtigt oder angebahnt werden?

Kognitive Entwicklung/Lernen

- Können komplexe Spielanleitungen vereinfacht und dadurch besser verstanden werden?
- Können verbale Beiträge durch alternative Ausdrucksmöglichkeiten ersetzt werden?
- Können kognitive Herausforderungen im Spielablauf dem jeweiligen Entwicklungsniveau entsprechend angepasst werden?

Auditive Wahrnehmung

- Können verbale bzw. akustische Anleitungen und Äußerungen im Spielablauf durch visuelle Anreize bzw. Signale (Tücher) und/oder Bildkarten ersetzt werden?

Visuelle Wahrnehmung

- Können visuelle Anleitungen und Äußerungen im Spielablauf durch verbale bzw. akustische Reize (z. B. Musik, Rhythmus-Instrumente) ersetzt werden?

Taktile Wahrnehmung

- Können selbständige Bewegungen im Raum alleine und mit der Gruppe durch Hilfsmittel (z.B. durch Abgrenzungen mit Kästen/Bank) ermöglicht werden?
- Wann und wie ist die Unterstützung durch einen begleitenden Spielpartner sinnvoll, jedoch nicht „demütigend"?

Körperliche/motorische Entwicklung

- Wie und wodurch können komplexe motorische, koordinative Anforderungen in bestimmten Spielsituationen den Möglichkeiten des jeweiligen Kindes angepasst und/oder reduziert werden, ohne dass Freude und Selbsttätigkeit verloren gehen?

Sprache

- Können verbale Beiträge, Aufforderungen oder Hinweise durch alternative Ausdrucksmöglichkeiten ergänzt werden?
- Können komplexe sprachliche Beiträge, Aufforderungen oder Hinweise auf einzelne Worte reduziert werden?
- Wie können verbale Hinweise durch Gestik und Mimik sinnvoll und verständlich verdeutlicht werden?
- Wann bzw. in welchen Situationen sind Anweisungen in einer anderen Sprache sinnvoll?

Der Aufbau der Spielanleitungen wurde standardisiert. Unter dem – meist auch in einer kindgemäßen Formulierung gehaltenen – Namen des Spiels erfolgen zunächst die Beschreibung des Ablaufs und dann ein Richtwert zur Gruppengröße. Die im nächsten Punkt aufgelisteten Vorschläge zur Variation und/oder Erweiterung der Spielidee stammen aus Erfahrungen in der Praxis, sind aber sicherlich nicht vollständig. Die Ausführungen im Gliederungspunkt „Methodische Hinweise – Inklusive Aspekte" erheben keinen Anspruch auf Vollständigkeit. Hier wurde ausschließlich Bezug auf den speziellen „Förderbedarf" gemäß den oben aufgeführten Heterogenitätsdimensionen (Kap. 1.1) genommen und in die methodischen Überlegungen zur Umsetzung inklusiver Aspekte eingebunden.

Das Buch richtet sich an Kinder in der Kindertagesstätte (also Kinder zwischen drei und sechs Jahren), daher wurde auf eine Alterszuordnung der einzelnen Spiele und Übungen verzichtet. Zur besseren Lesbarkeit wird darüber hinaus in den jeweiligen Spielanleitungen auf geschlechtsdifferenzierte Beschreibungen verzichtet.

3.3 Bewegung und Bewegungskompetenz

Autofahrer

Die Kinder bewegen sich als „Autos“ durch die Halle. Der/die Spielleiterin (oder ein anderes Kind) ruft ihnen zu, welchen „Gang“ sie einlegen sollen. Die Kinder bewegen sich entsprechend langsam oder schnell rückwärts oder vorwärts. Die Kinder dürfen sich nicht berühren.

Das Spiel kann erweitert werden, indem im Raum Teppichfliesen als „Parkplätze“ verteilt werden. Die Kinder laufen zur Musik um sie herum. Bei einem Stoppsignal soll schnell ein „Parkplatz“ angesteuert werden. Das „Parkplatzangebot“ kann nach jedem Durchgang verringert werden, indem einige Fliesen weggenommen werden, so dass immer mehr Kinder auf einer Fliese „parken“ müssen. Ebenso kann ein Kind in der Mitte des Raumes eine „Ampel“ bedienen. Dazu hält es entweder ein rotes („alle Autos bleiben sofort stehen“), gelbes („alle Autos bremsen ab“) oder ein grünes Tuch („alle Autos dürfen wieder fahren“) hoch.

Gruppengröße: 4–25 Kinder

Variationen:

- Partnerübung: Ein „Beifahrer“ hält sich hinten an der Hüfte oder an einer Hand beim „Fahrer“ fest; der „Beifahrer“ kann/darf die Augen schließen
- nur auf den Linien („Straßen“) fahren
- „Parkplatzwächter“: Ein Kind bestimmt, welche Fliesen weggenommen werden
- Steuerung der Geschwindigkeit durch Musik: Je lauter, je schneller fahren die „Autos“, wenn keine Musik mehr zu hören ist, darf sich kein „Auto“ mehr bewegen

Methodische Hinweise – Inklusive Aspekte: Das Spiel ist für alle Kinder geeignet. Je nach Kompetenz werden die Rollen verteilt („Auto", „(Bei-)Fahrer", „Parkplatzwächter", „Ampelmeister", „Polizist") Kinder, die im Rollstuhl sitzen, können z.B. ein Team mit einem Kind ohne motorische Beeinträchtigung bilden, das sie als „Fahrer" unterstützt und den Rollstuhl schiebt.

Material:

- evtl. Pappteller als „Lenkrad"
- Teppichfliesen
- drei Tücher in „Ampelfarben"
- ggf. CD-Player

Bewegtes Uno

In der Mitte des Raumes sitzt der Spielleiter mit einem UNO-Kartenspiel. Von ihm aus gehen vier „Wege" ab, markiert durch verschiedene Materialien. Der „rote Weg" besteht aus fünf Hütchen, um das die Kinder z.B. Slalom laufen, der „grüne Weg" aus acht Reifen, der „gelbe Weg" aus einer Bank und der „blaue Weg" aus einem Hütchen am Ende. Die Kinder decken nacheinander jeweils eine Karte auf und sollen danach den Weg, der der Farbenkarte entspricht, durchlaufen. Dabei dürfen sie sich so bewegen, wie sie wollen. Bei einer Wunschkarte darf sich das Kind einen Weg aussuchen. Nachdem der Weg durchlaufen wurde, wird eine neue Karte gezogen.

Gruppengröße: ab einem Kind bis zu etwa 20 Kindern

Variationen:

- Erweiterung des Schwierigkeitsgrades z.B. durch den Einbau von Hindernissen (z.B. Kasten zum Herunterspringen oder eine schräge Ebene herunter rollen)
- Reduktion des Schwierigkeitsgrades (z.B. nur zum Ziel kommen bzw. das Ende des Weges erreichen)

Methodische Hinweise – Inklusive Aspekte: Jeder Parcours kann so aufgebaut bzw. jeder Weg so markiert werden, dass er gut mit einem Rollstuhl oder von Kindern mit motorischen Beeinträchtigungen zurückgelegt werden kann. Die unterschiedlichen Farben erleichtern Kindern, die die deutsche Sprache nicht beherrschen, das Mitspielen.

Sollte ein Kind einen Weg meiden, wird das akzeptiert. Da alle Kinder gleichzeitig beschäftigt sind, fällt dies i.d.R. nicht auf und jeder kann sich seinen Möglichkeiten entsprechend bewegen. Kinder mit erhöhtem Förderbedarf können immer auch die Rolle des „Kartendrehers" übernehmen.

Material:

- UNO-Kartenspiel
- acht Hütchen/acht Reifen
- eine Langbank

Flussüberquerung

Die Kinder stehen nebeneinander an einer Seite des Bewegungsraumes bzw. der Turnhalle („Flussufer"). Jedes Kind hat etwa zehn bis 15 Bierdeckel („Steine"). Auf ein Signal hin sollen sie versuchen, die Bierdeckel von dort so im Raum zu platzieren, dass sie anschließend den „Fluss" ohne hinein zu fallen überqueren können, indem sie von „Stein zu Stein" springen. Haben alle das andere „Ufer" erreicht, kann erneut auf die andere Seite gewechselt werden, evtl. mit einer Zusatzaufgabe wie z. B. „Es darf nur auf runde ‚Steine' (runde Bierdeckel) gesprungen werden!"

Gruppengröße: 2 – 20 Kinder

Variationen:

- jedes Kind hat nur zwei Bierdeckel zur Verfügung und durchquert den Raum, indem es jeweils einen Bierdeckel vor sich wirft, darauf springt, den zweiten wirft, auf diesen springt, den ersten wieder einsammelt und erneut wirft usw.
- in Partnerarbeit: Ein Kind wirft einen Weg für seinen Partner
- die Bierdeckel vorher im Raum verteilen bzw. auslegen
- eine „Flussüberquerung" nutzen, um die Bierdeckel wiedereinzusammeln (der zuletzt besprungene Bierdeckel wird aufgehoben)

Methodische Hinweise – Inklusive Aspekte: Ist es Kindern motorisch nicht möglich, Bierdeckel zu werfen und/oder aufzuheben, werden diese vorab im Raum verteilt. Kinder, die im Rollstuhl sitzen, sollen versuchen, bis zur anderen Seite des Raumes möglichst viele Bierdeckel zu überfahren oder aber keine zu überfahren.

Material: Bierdeckel in großer Anzahl

Haltet die Seite frei!

Das Spielfeld wird in der Mitte des Raumes durch zwei Turnbänke oder durch eine aufgespannte „Zauberschnur" in zwei gleich große Hälften geteilt. In jeder Hälfte befindet sich die gleiche Anzahl von Kindern. Jede Mannschaft hat die gleich Anzahl von Bällen zur Verfügung, die auf ein Signal hin auf die andere Seite geworfen werden, um das eigene Spielfeld möglichst „ballfrei" zu halten. Nach einer vorher festgelegten Zeit beendet der Spielleiter mit dem Ruf „Stopp" oder durch ein akustisches Signal (z. B. durch eine Trommel) das Spiel und nie-

mand darf sich mehr bewegen. Die Mannschaft, die weniger Bälle in ihrem Spielfeld hat, hat gewonnen.

Eine Variante der Spielidee ist, dass ein in der Mitte des Raumes liegendes umgedrehtes Kastenteil, in dem sich Bälle und andere Materialien befinden, geleert werden soll, während die anderen Kinder versuchen, den Kasten wieder zu füllen.

Gruppengröße

- abhängig von Raumgröße, mindestens zehn Kinder
- möglichst gerade Anzahl

Variationen:

- „Burg verteidigen“: Aus vier im Quadrat aufgestellten Bänken eine Burg bauen, eine Gruppe ist in der „Burg“, die andere steht außen herum. Die „Burggruppe“ wirft die Bälle heraus, die andere Gruppe wirft sie wieder hinein.
- den Mittelkreis freihalten: Die Verteidiger sitzen im Mittelkreis, statt Bälle werden Sandsäckchen genutzt. Diese dürfen nicht geworfen, sondern nur über den Boden geschleudert werden.
- In kleineren Räumen können statt Bällen auch zusammengeknüllte Zeitungsblätter als Wurfmaterial genutzt werden.

Methodische Hinweise – Inklusive Aspekte: Je nach Kompetenzen der Kinder wird der Spielaufbau angepasst. Die „Mittelkreis-Version“ eignet sich besonders gut für Kinder mit erhöhtem motorischem Förderbedarf.

Material:

- viele Softbälle
- Sandsäckchen
- Zeitungen
- 2–4 Turnbänke

Schwebende Luftballons

Die Kinder halten ihren Luftballon in der Luft, indem sie ihn mit verschiedenen Körperteilen nach oben schlagen. Es wird versucht, den Luftballon so lange wie möglich (oder eine bestimmte Zeit lang) in der Luft zu halten.

Gruppengröße: bis zu 25 Kinder

Variationen:

- zwei Kinder versuchen gemeinsam, 3–4 Luftballons in der Luft zu halten
- die Kinder tauschen auf ein Signal ihre Ballons, ohne dass diese den Boden berühren
- eine Reihenfolge vorgeben, in der der Luftballon in der Luft gehalten werden soll (z. B. Hand – Kopf – Fuß – Hand)

Methodische Hinweise – Inklusive Aspekte: Für dieses Spiel lassen sich gut Teams mit Kindern bilden, die keinen oder einen erhöhten motorischen Förderbedarf haben. Als Partner können sie die vorgegebenen Aufgaben gemeinsam erfüllen. Es sollte darauf geachtet werden, dass möglichst große, langsam fliegende Luftballons zum Einsatz kommen. Das Spiel kann ggf. auch im Sitzen und/oder Liegen durchgeführt werden.

Material: runde Luftballons in verschiedenen Farben

Kometen und Sternschnuppen

In zwei verschieden farbigen Chiffontücher (möglichst in den Farben gelb und rot) wird ein kleiner Softball eingeknotet. Zwei Spieler werfen sich den „Kometen“ aus einer selbstgewählten Entfernung zu. Der „Komet“ kann auch durch einen hochgehaltenen Gymnastikreifen oder auf dem Rollbrett liegend bzw. im Rollstuhl sitzend einander zugeworfen werden.

Eine weitere Variante ist angelehnt an das Spiel „fünfer Ball“. Dazu werden zwei Mannschaften gebildet. Es geht darum, dass sich die Mannschaften den „Kometen“ jeweils in einer vorbestimmten Anzahl zupassen (z.B. fünfmal), ohne dass dieser auf den Boden fällt oder die „Gegner“ ihn bekommen. Fällt er auf den Boden oder hat der Gegner ihn gefangen, wird wieder von vorne gezählt. Das Spiel dauert so lange, bis eine Mannschaft drei Durchgänge fehlerfrei durchführt.

Gruppengröße: 4–25 Kinder

Variationen:

- In einem markierten „Feld" (z.B. Mittelkreis) liegen viele „Kometen", ein bis drei Spieler werden zu „Feldspielern", die anderen spielen außerhalb des „Feldes", Aufgabe: Das Feld frei von „Kometen" halten
- Zielwerfen in einen umgedrehten kleinen Kasten von einem zuvor festgelegten Punkt oder einer Linie
- „Kometen" mit Badminton- oder Tennisschlägern einander zuspielen
- Partnerwurf im Gehen und/oder mit wechselnden Partnern

Methodische Hinweise – Inklusive Aspekte: Wenn Kinder, die im Rollstuhl sitzen oder anderweitig bewegungseingeschränkt sind, mitspielen, wird der „Komet" z.B. nicht geworfen, sondern übergeben. Für Kinder mit einer Hörbehinderung visualisiert man die Anzahl der gelungenen Pässe (Variante fünfer Ball) durch Zahlenkarten.

Material:

- Chiffontücher (gelb und rot)
- Softbälle
- ggf. Reifen, Kasten oder Tennisschläger

Großer Wurf

Zunächst können die Tücher verteilt werden, indem die/der SpielleiterIn jeweils ein Tuch hochwirft und die Kinder nacheinander zum fliegenden Tuch laufen. Dies soll gefangen werden, bevor es den Boden berührt. Durch die Variation des Wurfes (z. B. durch Verzögerung, durch sehr hohes Werfen usw.) kann dazu beigetragen werden, dass jedes Kind das Tuch auch erreicht.

Dann sollen die Kinder eigenständig unterschiedliche bzw. neue Möglichkeiten des Werfens und Fangens ausprobieren. Z. B.: Das Tuch mit verschiedenen Körperteilen auffangen, das Tuch hochpusten und während des Fluges versuchen, so oft wie möglich in die Hände zu klatschen; das Tuch hochwerfen, sich einmal um die Längsachse drehen und es wieder auffangen; das Tuch mit geschlossenen Augen hochwerfen und wieder fangen usw.

Eine weitere Anregung besteht darin, mit einem Partner die Tücher zu tauschen. Die beiden Kinder stehen sich in einer selbstgewählten Entfernung gegenüber, werfen das Tuch gleichzeitig hoch, laufen zum Platz des Partners und fangen dessen Tuch auf. Wenn sie sich in der Mitte begegnen, können sie auch die Hand geben und freundlich „Guten Tag“ sagen.

Gruppengröße: ab zwei Kindern

Variationen:

- Kreisaufstellung: Die Tücher hochwerfen und um eine Position nach links oder rechts weiterrücken
- Kreisaufstellung: Die Tücher auf Signal oder nach Musik in eine Richtung weitergeben
- Schwingen und Werfen der Tücher mit Musik
- versuchen, alleine oder mit einem Partner mehr als ein Tuch pro Mitspieler in der Luft zu halten
- Kinder mit Migrationshintergrund sagen „Guten Tag“ in ihrer jeweiligen Muttersprache

Methodische Hinweise – Inklusive Aspekte: Das Chiffontuch ist ein geeignetes Spielgerät für alle Kinder. Es fliegt langsam, ist gut beobachtbar, löst keine Angst aus und rollt nach „Fehlversuchen“ nicht weg wie ein Ball. Daher können Kinder mit Bewegungseinschränkungen bei den meisten Spielen ohne größere Probleme mitspielen. Bei Kindern mit Sehbehinderung bieten sich auch zahlreiche Spielmöglichkeiten, da z. B. ein fliegendes Tuch auf Ansage gut aus der Luft „gegriffen“ werden kann.

Material: viele bunte Chiffontücher

Bootsleck

Alle Kinder bekommen einen „Reifen als Boot“, halten ihn mit beiden Händen fest und bewegen sich frei im Raum.

Ein Kind ist „Pirat“ und hat eine „Kanonenkugel“ (Softball) Es versucht die „Kanonenkugel“ in ein „Boot“ (Reifen) zu werfen. Gelingt dies, ist das „Boot“ beschädigt, es hat ein „Leck“. Das Kind lässt den Reifen fallen und ruft laut „SOS“. Dann kann ein anderes unbeschädigtes „Boot“ das Kind retten, indem sich dies am „Rettungsboot“ festhält und mitläuft. Das Spiel wird solange gespielt bis kein „Boot“ mehr „fahrtüchtig“ ist.

Gruppengröße: 5–25 Kinder

Variationen:

- der „Pirat“ übernimmt das getroffene „Boot“ und die Rollen wechseln
- zwei Kinder gehen auf ein „Boot“ (in einen Reifen) oder halten als „Boot“ einen Reifen zwischen sich fest
- „Inseln“ zum Ausruhen (z.B. Teppichfliesen), dort darf kein „Pirat“ angreifen

Methodische Hinweise – Inklusive Aspekte: Für Kinder im Rollstuhl bietet sich die Rolle als „Reparatur-“ oder „Rettungsboot“ an. Am Rollstuhl kann hinten auch ein kleiner Korb befestigt werden, in dem die „Kanonenkugel“ abgelegt werden soll. Die Raumgröße sollte so gewählt sein, dass alle Kinder genügend Platz bzw. Raum zur Bewegung haben.

Material:

- Gymnastikreifen
- Softbälle (möglichst in Tennisballgröße)
- ggf. Korb
- ggf. Teppichfliesen

Hasen und Jäger

Je nach Gruppengröße sind zwei oder drei Kinder „Jäger", die anderen sind die „Hasen". Die „Jäger" haben jeweils 5–10 Frisbee-Scheiben aus Schaumstoff. Sie versuchen, die flüchtenden Hasen mit den Frisbee-Scheiben zu treffen. Die „Hasen", die getroffen wurden, setzen sich auf die Seite des Spielfeldes oder auf eine Matte. Sitzen drei „Hasen" auf einer Matte und es kommt ein vierter dazu, darf der als erste von den drei Getroffenen wieder ins Spiel.

Gruppengröße: mindestens zehn Kinder

Variationen:

- erst beim dritten Treffer aus dem Spiel gehen
- in der Mitte des Raumes in einem Abstand von vier bis fünf Metern zwei kleine Kästen („Hochsitze") postieren, die darauf stehenden „Jäger" versuchen, die durch diesen Korridor von einer Seite des Raumes zur anderen wechselnden „Hasen" zu treffen; getroffene „Hasen" setzen eine Runde aus

- dieselbe Version als „Königshase“: Beim Wechsel von einer Seite auf die andere wird ein bestimmtes Kind von den anderen geschützt. Nur dieses Kind kann „erjagt“ werden.

Methodische Hinweise – Inklusive Aspekte: Wenn der Spielleiter die Rolle des „Jägers“ übernimmt, kann er bewusst auf die jeweiligen Kompetenzen und/oder Herausforderungen der Kinder eingehen.

Bestimmte „Hasen“ werden z. B. erst nach einiger Zeit abgeworfen. Kinder im Rollstuhl können auch gut die Rolle als „Königshase“ übernehmen.

Material: große Anzahl an Frisbee-Scheiben aus Schaumstoff

Feuer, Wasser, Blitz und Co

In der altbekannten Version dieses Spiels laufen die Kinder im Raum umher und suchen, wenn ein entsprechender Ruf bzw. ein „Signal“ ertönt, den vorher festgelegten „Ort“ im Raum auf. Z. B. „Feuer“ – sich auf eine Turnbank stellen; „Wasser“ – sich auf die Weichbodenmatte setzen oder legen; „Blitz“ – in der Bewegung erstarren. Das Kind, das als letztes die entsprechende Aufgabe erfüllt, scheidet aus.

Diese Spielidee ist in jeder Hinsicht variierbar und damit gut an die Wünsche und Fähigkeiten der Kinder anpassbar. Dies bezieht sich nicht nur auf die Zahl und Lage der „Orte“, die die Kinder aufsuchen sollen, sondern vor allem auch auf die Regel: „Das letzte Kind scheidet aus.“ So könnte eine Aufgabe lauten, sich mit einem Partner zur verabredeten Stelle zu bewegen (z. B. an den Händen haltend, dabei kann/darf ein Partner die Augen schließen). Eine andere Aufgabe besteht darin, dass vorher bestimmte Kinder als „Feuerwehrleute“ die anderen Kinder zu den „sicheren Plätzen“ bringen.

Gruppengröße: ab sechs Kindern

Variationen:

- während der Laufphase mit Musik die Geschwindigkeit des Laufens und den Rhythmus der Bewegung vorgeben
- Begriffe/Signale in der Muttersprache von Kindern mit Migrationshintergrund verwenden
- Bewegungsart vorgeben (z. B. Hüpfen/Schleichen/Gehen/Krabbeln)
- statt Signale bzw. Kommandos: Symbolkarten hochhalten
- Kommandos in eine Bewegungsgeschichte einbinden

Methodische Hinweise – Inklusive Aspekte: Spielen Kinder mit motorischen Beeinträchtigungen und/oder Rollstuhlfahrer mit, werden die vorgegebenen „Fluchtorte“ den jeweiligen Möglichkeiten angepasst, z. B. nur ebenerdig angelegt. Für hörgeschädigte Kinder eignet sich besonders die Variante, bei der Symbolkarten eingesetzt werden.

Material:

- Symbolkarten
- Weichbodenmatte
- Turnbänke
- kleine Kästen

Kuhstall

Die Kinder finden sich in Dreiergruppen. Jede Gruppe bildet einen „Kuhstall“, indem die beiden äußeren Kinder mit hochgestreckten Armen über dem mittleren Kind ein „Dach“ formen („Stall“). Das Kind in der Mitte ist die „Kuh“. Ein oder zwei Kinder sind frei, sie möchten aber gerne einen Platz im „Kuhstall“ ergattern. Dies kann gelingen, indem durch einen bestimmten Ruf eines dieser Kinder oder der Spielleiter die Rollen nach folgenden Regeln gewechselt werden:

1. Beim Ruf „Kuh!“ müssen alle Kühe ihren Stall verlassen und sich einen freien Platz in einem anderen „Stall“ suchen.
2. Beim Ruf „Stall“ verlassen die äußeren Kinder ihre „Kuh“ und suchen sich unabhängig voneinander eine frei gewordene „Kuh“, über der sie wieder ein Dach bilden.
3. Beim Ruf „Kuhstall“ wechseln alle ihre Plätze und Rollen und finden sich zu neuen Dreiergruppen zusammen.

Gruppengröße: ab zehn Kindern

Variationen:

- Bei jüngeren Kindern können die Ansagemöglichkeiten reduziert werden. So ist es hier ausreichend, wenn zunächst nur die Kühe den Platz wechseln.
- Die Positionen der Kuhställe können durch Reifen oder Teppichfliesen markiert werden, so dass das Spiel für die Kinder übersichtlicher wird.
- Erweiterung durch die Spielidee: „Baum und Eichhörnchen“ („Eichhörnchen“ in der Mitte, es gibt einen „linken Ast“ und einen „rechten Ast“); dementsprechende Kommandos auch mit der Angabe von „links“ und „rechts“; bei „Wald“ wechseln alle.

Methodische Hinweise – Inklusive Aspekte: Kinder mit Hörbehinderungen werden durch optische Signale unterstützt (z. B. Hochhalten farbiger Tücher). Kinder im Rollstuhl bilden eine „Zwillingskuh“ mit einem Kind, das sie schiebt oder übernehmen evtl. die Rolle der Spielleitung.

Material: ggf. Teppichfliesen oder Reifen in der Anzahl der „Ställe“

Spitz, pass auf!

Die Spielidee entspricht dem gleichnamigen Tischspiel „Spitz pass auf". Für alle Kinder liegt jeweils ein farbiges Seil bereit, an dem ein Tuch in gleicher Farbe befestigt ist. Ein Farbwürfel mit den entsprechenden Farben steht ebenfalls zur Verfügung. Außerdem wird ein Plastikeimer bereitgestellt. Jedes Kind sucht sich ein Seil aus und legt das Seilende mit dem Tuch in einen durch einen Reifen markierten Kreis. Die Tücher aller Seile sollten sich dabei berühren. Zu Beginn des Spiels setzt oder kniet sich ein Kind als „Spitz" (Fänger) mit dem Eimer in den Kreis. Die übrigen Kinder sitzen/stehen außerhalb des Kreises und halten ihr Seilende in den Händen. Das Spiel beginnt mit dem Würfeln: Seil und Tuch, deren Farbe der Würfel zeigt, muss nun schnellstmöglich durch das betreffende Kind weggezogen werden, während der „Spitz" versucht, mit dem Eimer das Seil und Tuch zu fangen. Gelingt dies dem „Spitz", wechseln die Rollen. Sollte ein Kind das Seil versehentlich weggezogen haben (andere Farbe als auf dem Würfel), so tauscht es ebenfalls mit dem „Spitz" die Rolle.

Gruppengröße: ab sechs Kindern

Variationen:

- statt eines Würfels Verwendung von Farbkarten
- die Seile dürfen erst in die Hand genommen werden, nachdem der Würfel gefallen ist
- die Farben auf zwei bis drei begrenzen

Methodische Hinweise – Inklusive Aspekte: Da das Spiel nur mit Farben und ohne Sprache durchgeführt wird, ermöglicht es Kindern mit Sprach- und Hörbeeinträchtigungen die Teilnahme. Damit das Spiel gerade für Kinder, die eine kognitive Beeinträchtigung haben, einfacher wird, können die Farben auf zwei begrenzt werden.

Wenn Kinder im Rollstuhl in der Rolle des „Spitz“ sind, sollte die Spielfläche in der Mitte erhöht werden (z. B. durch mehrere kleine Kästen oder einen Tisch), damit er im Sitzen Seil und Tuch erreichen bzw. fangen kann.

Material:

- farbige Seilchen
- farbige Tücher
- Farbwürfel/Farbkarten
- ein Eimer
- ein Gymnastikreifen
- ggf. kleine Kästen

3.4 Achtsamkeit und Respekt

Komm in mein Haus!

Das Spiel ist eine Abwandlung des Spiels „Die Reise nach Jerusalem“. Zu Beginn liegen Gymnastikreifen (je ein Reifen pro Kind) auf dem Boden verteilt. Die Kinder bewegen sich zur Musik. Sobald die Musik stoppt, sollen alle Kinder ein „Haus“ aufsuchen. Zunächst kann jedes Kind ein einzelnes „Haus“ bewohnen. Nach jedem Spielstopp wird ein Reifen weggenommen. Findet ein Kind beim erneuten Verstummen der Musik kein Haus mehr, kann es von anderen „Hausbesitzern“ eingeladen werden: „Komm in mein Haus.“ Jedes „Haus“ darf schließlich mit beliebig vielen Kindern besetzt werden – vorausgesetzt, sie können alle in dem Reifen sitzen oder stehen. Das Spiel ist beendet, sobald nicht mehr alle Kinder in den Häusern Platz finden.

Gruppengröße: mindestens fünf Kinder

Variationen:

- zwischenzeitlich wieder Reifen bzw. „Häuser“ dazu legen
- die Kinder dürfen abwechselnd die Musikanlage bedienen
- statt Musik trommelt ein Kind auf einem Tamburin
- unterschiedliche Lauf-, Gangarten vorgeben oder durch die Kinder vorschlagen lassen
- verschieden farbige Gymnastikreifen: Aufgaben bzw. Besonderheiten des „Hauses“ je nach Farbe: „Sitz-Haus“, „Steh-Haus“, „Leise-Haus“, „Laut-Haus“, „Einbein-Haus“ usw.

Methodische Hinweise – Inklusive Aspekte: Bei Beteiligung von Kindern im Rollstuhl können dünne Matten oder Teppichfliesen zu „Häusern“ werden. Eine andere Variante ist: Ein „Haus wird bewohnt“, sobald ein Kind im Reifen berührt bzw. an seiner Hand angefasst wird. Bei Teilnahme von Kindern mit einer Hörschädigung können optische Signale eingesetzt werden, indem z. B. ein Tuch hochgehalten wird.

Material:

- je ein Reifen pro Kind
- ggf. Teppichfliesen und/oder dünne Gymnastikmatten

Einmauern

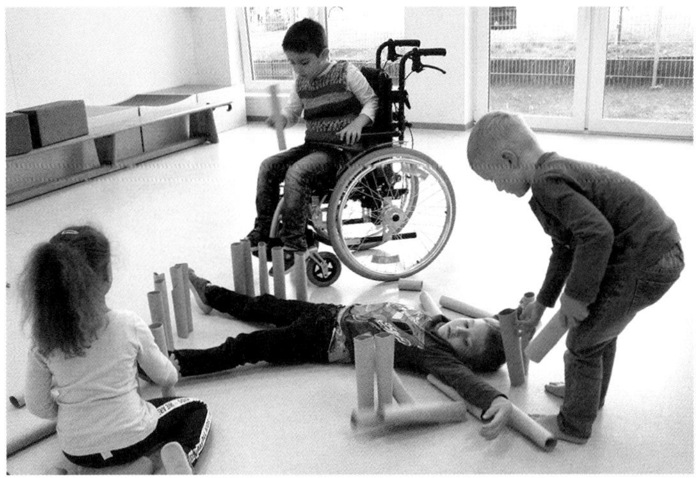

Ein Kind liegt in Rückenlage auf dem Boden, Arme und Beine weit ab gestreckt. Andere Kinder oder ein Erwachsener stellen in geringem Abstand rund um den Körper des Kindes eine „Mauer“ aus Küchenpapierrollen auf. Nachdem das Kind ganz „eingemauert“ ist, darf es versuchen, vorsichtig aufzustehen. Dabei sollen möglichst wenige Papprollen umfallen. Kindern mit körperlichen Beeinträchtigungen können sich auch setzen oder hinhocken. Anschließend darf sich ein anderes Kind an dieselbe Stelle legen.

Gruppengröße: ab einem Kind

Variationen:

- in Bauchlage
- statt Papprollen kann das liegende Kind mit Seilchen, Bierdeckeln, Keulen oder Steine „ummauert“ werden

Methodische Hinweise – Inklusive Aspekte: Es muss sorgfältig darauf geachtet werden, dass sich die liegenden Kinder wohlfühlen. Bei unruhigen Kindern kann ggf. der Abstand der Papprollen vom Körper vergrößert werden.

Auch ein Kind, das im Rollstuhl sitzt, kann „eingemauert“ werden: Entweder mit Hilfe von Bierdeckeln oder Seilchen, aber auch mit Papprollen. Dabei sollte in „Reifenbreite“ eine mögliche Ausfahrt nach vorne oder hinten offen gelassen werden.

Material:

- zahlreiche Papprollen
- ggf. Seilchen
- ggf. Steine
- ggf. Bierdeckel

Mückenalarm!

Jedes Kind bekommt einen Bierdeckel. Wenn die Musik einsetzt, laufen die Kinder durch den Raum. Bei Musikstopp ruft der Erwachsene ein Körperteil, zum Beispiel „Rechter dicker Zeh!“. Hier soll der „Mückenschutz“ (Bierdeckel), aufgelegt werden. Die Musik setzt wieder ein und die Kinder sollen versuchen, im Laufen oder Gehen den „Mückenschutz" an dieser Stelle zu halten.

Gruppengröße: ab fünf Kindern

Variationen:

- ein Kind darf die Körperteile benennen
- die Körperteile werden mit Bildern angezeigt
- die benannten Körperteile beziehungsweise Stellen bei anderen Kindern schützen
- statt Körperteile sollen Kinder mit bestimmten Kennzeichen oder Merkmalen geschützt werden. Dabei werden die Bierdeckel überall am Körper aufgelegt; dennoch soll sich das Kind mit der Gruppe im Raum bewegen

Methodische Hinweise – Inklusive Aspekte: Dieses Spiel ist ohne größere Einschränkungen für alle Kinder möglich. Ein einzelnes Kind kann positiv hervorgehoben werden, indem ein Merkmal gesucht wird, das nur dieses Kind aufweist, z. B. „rote Schuhe". Ruft so der Spielleiter „Alle Kinder sollen geschützt werden, die rote Schuhe tragen!" wird nur dieses Kind von allen anderen mit Bierdeckeln vor „Mücken" geschützt.

Material:

- pro Kind ein Bierdeckel
- Musik/Musikanlage

Blinde Kuh & Co

Das altbekannte Kinderspiel „Blinde Kuh“ lässt sich in vielfältiger Weise variieren und damit an die Bedürfnisse und Fähigkeiten der Kinder anpassen.

„Flohfänger“: Die Gruppe steht in einem umgrenzten Spielfeld. Ein Spieler mit verbundenen Augen steht in der Mitte, er ist der „Flohfänger“. Die anderen Mitspieler sind „Flöhe“ und versuchen, durch Sprünge dem nun durch das Feld gehenden „Flohfänger“ zu entkommen. Jedem „Floh“ steht nur eine bestimmte Anzahl an Sprüngen zur Verfügung (i. d. R. fünf). Berührte „Flöhe“ müssen leise das Spielfeld verlassen. Nach einer bestimmten Anzahl gefangener „Flöhe“ oder wenn keine „Flöhe“ mehr im Feld sind, ist das Spiel beendet und ein neuer „Flohfänger“ kann ans Werk gehen.

Partnerspiel „Klapperschlange“: Beide Kinder haben die Augen verbunden und halten eine „Klapper“ in der Hand (Rassel, Konservendose mit Murmeln o. a.). Ein Kind ist „Fangschlange“ und versucht die andere „Schlange“ zu fangen. Beide bewegen sich durch den Raum, während sie permanent oder nach Anweisung ihren Standort durch „Klappern“ deutlich machen. Ist die „Fangschlange“ erfolgreich, wechseln die Rollen.

Gruppengröße: ab zwei Kindern

Variationen:

- als Partnerspiel „Katz und Maus“: Ein Kind ist die „Katze“, das andere die „Maus“. Beide liegen mit verbunden Augen auf einem Rollbrett. Regeln wie im Spiel „Klapperschlange“, Orientierung allerdings am Geräusch der fahrenden Rollbretter
- ein gefangenes Kind soll durch vorsichtiges Abtasten durch den Fänger erkannt werden

Methodische Hinweise – Inklusive Aspekte: Je nach Förderbedarf ist es notwendig, das Bewegungstempo von außen vorzugeben bzw. zu reduzieren. Kinder, die im Rollstuhl sitzen oder Kinder mit einer Hörbehinderung können die Rolle des Fängers übernehmen, indem sie von einem Spielpartner unterstützt werden, der sie an die Hand nimmt.

Material:

- Augenbinden/Tücher
- Rasseln, Konservendosen mit Murmeln o. ä.

Das bin ich!

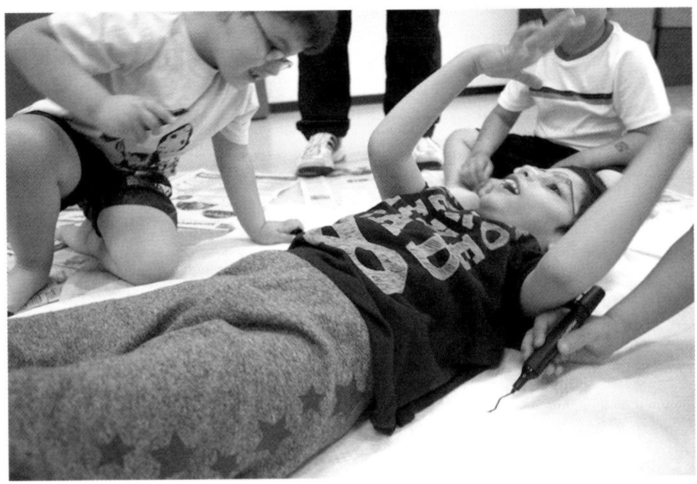

Die Kinder bilden Paare. Ein Kind legt sich auf ein großes Stück Papier. Das andere Kind malt den Umriss des liegenden Kindes mit einem großen Filzstift oder Wachsmalkreide. Anschließend kann das Bild ausgemalt und/oder ausgestaltet werden (z. B. mit Wolle und Stoffresten für Haare und Kleidung). Am Ende kann die Figur ausgeschnitten und an eine Wand geheftet werden. Nun wechseln die Rollen.

Gruppengröße: ab zwei Kindern

Variationen:

- Schattenbilder malen (Papier an die Wand hängen und den Schatten abzeichnen)
- vor dem Eingang der Kita oder im Außengelände (mit Kreide), sofern ein Steinboden vorhanden ist
- eine „Ausstellung" errichten

Methodische Hinweise – Inklusive Aspekte: Der Umriss von Kindern in Rollstühlen kann gezeichnet werden, indem durch eine Lichtquelle (z. B. Schreibtischlampe oder Baulampe) ein Schattenbild auf einem an der Wand angebrachten großen Papier erzeugt wird.

Material:

- große Papierrollen (Papiertischdecke oder Tapete)
- Filzstifte, Wachsmalkreide, Tafelkreise u.Ä.
- Stoff- und Wollreste
- Schere
- Klebstoff
- Lichtquelle zum Erzeugen eines Schattens

Hier stimmt was nicht!

Für dieses Spiel ist zunächst die Vorübung „Spiegelbild" sinnvoll: Zwei Kinder stehen sich einander gegenüber. Ein Kind ist der „Spiegel", der die Bewegungen des Gegenübers genau nachzuahmen versucht. Im Anschluss werden die Rollen getauscht.

Dann sitzen sich zwei Kinder gegenüber. Das eine Kind schaut das andere ganz genau an und versucht sich so viel wie möglich von seinem Aussehen und seiner Körperhaltung zu merken. Dann dreht es sich um. Das andere Kind verändert in der Zeit etwas an seinem Äußeren. Der Spielpartner dreht sich wieder um und soll nun herausfinden, was an seinem Gegenüber anders ist.

Gruppengröße ab zwei Kindern

Variationen:

- zwischen zwei gleich großen Gruppen wird ein blickdichtes Tuch gespannt oder gehalten. Eine Gruppe stellt sich in Position und wartet bis das Tuch fällt. Die andere Gruppe prägt sich das „Bild" ein und stellt dieses nach, wenn der Vorhang nach ca. zehn Sekunden wieder gehoben wird. Fällt er erneut, können beide „Bilder" verglichen werden
- nachdem der Vorhang wieder angehoben wurde, werden Positionen und Haltung der Spieler geändert. Wenn er wieder fällt, sollen die Spieler der anderen Gruppe erkennen, was sich gegenüber dem „Anfangsbild" geändert hat

Methodische Hinweise – Inklusive Aspekte: Jedes Kind kann seinen Möglichkeiten entsprechend Position oder Haltung verändern und somit eingebunden werden. Für Kinder mit Lernschwierigkeiten wird im Partnerspiel jeweils nur eine bewusst wahrzunehmende Haltungsänderung vorgenommen. Kinder mit sprachlichen Herausforderungen zeigen auf die Veränderungen, die sie wahrnehmen.

Material: blickdichtes Tuch/Schwungtuch

Schau genau!

Alle Mitspieler sitzen auf Stühlen oder Teppichfliesen im Kreis. Die Spielleitung oder ein Kind nennt ein Merkmal, das mehrere Kinder der Gruppe besitzen: (z. B. „Brille“, „blaue Hose“, „braune Haare“ usw.). Diese Kinder müssen den Platz tauschen, so dass jedes einen neuen Platz findet. Dann nennt der linke Nachbar das nächste Merkmal, danach dessen linker Nachbar usw. Die Spieler, die ihren Platz schon getauscht und bereits ein Merkmal genannt haben, werden zunächst übersprungen, bis alle einmal an der Reihe waren, ein Merkmal zu nennen.

Gruppengröße: ab fünf Kindern

Variation: Kinder nach nicht sichtbaren Merkmalen die Plätze tauschen lassen: z. B. „Alter“, „Anzahl der Geschwister“, „Wer hat ein/kein Haustier“

Methodische Hinweise – Inklusive Aspekte: Kinder mit sprachlichen Beeinträchtigungen oder Sinnesbehinderungen können auf Bildkarten zurückgreifen oder Merkmale zeigen bzw. gezeigt bekommen.

Spielen Kinder, die im Rollstuhl sitzen, mit, sitzen alle auf Stühlen und nehmen diese beim Platztausch mit.

Material: Teppichfliesen/Stühle

Puppenspieler

Die Spieler gehen paarweise zusammen. Partner A übernimmt die Rolle des „Puppenspielers“. Partner B ist die „Puppe“. A positioniert B als „Puppe“ in eine beliebige Haltung. So könnten bspw. beide Arme gestreckt, ein Bein angewinkelt und der Kopf in Seitneigung geformt werden. Die „Puppe“ wird dann je nach Geschmack mit verschiedenen Gegenständen wie bspw. Bierdeckeln, Tüchern, Wäscheklammern oder Toilettenpapier dekoriert und zum Abschluss den anderen „Puppenspielern“/Zuschauenden vorgestellt oder aber auch für eine geplante „Ausstellung“ fotografiert.

Gruppengröße: ab zwei Kindern

Variationen:

- ein Kind „gestaltet“ die ganze Gruppe als „Puppenausstellung“
- Einbindung in ein „Musik-Stopp-Spiel“
- Integration in ein „Schattenspiel“

Methodische Hinweise – Inklusive Aspekte: Das Spiel ist sowohl in der Rolle des „Puppenspielers“ als auch in der Rolle der „Puppe“ für alle Kinder geeignet. In der Partnerarbeit werden gegenseitige Möglichkeiten und Grenzen erfahrbar. Kinder mit motorischen Einschränkungen können ihre Vorgaben als Puppenspieler an einen „Puppenspieler-Assistenten“ weitergeben, der in ihrem Sinne die Puppe dekoriert.

Material: Dekorations- und Verkleidungsmaterial wie bspw. Tücher, Zeitungen, Bierdeckel, Wäscheklammern, Toilettenpapier

Wäscheklammern-Zupf

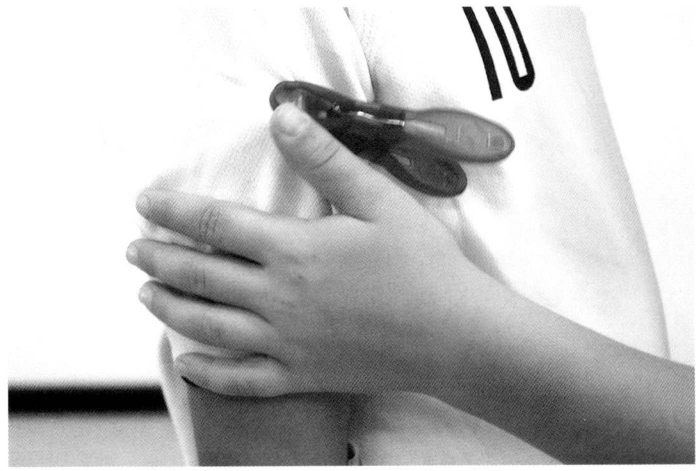

Jeweils zwei Kinder spielen zusammen. Partner A verbindet sich die Augen, Partner B befestigt fünf bis zehn Wäscheklammern an seiner eigenen Kleidung. Dann versucht Partner A vorsichtig, die Klammern seines Mitspielers zu ertasten und diese von der Kleidung abzunehmen. Sind alle Klammern entfernt, wechseln die Rollen.

Gruppengröße: ab zwei Kindern

Variationen:

- mit Farbenraten; der Partner gibt entsprechende Rückmeldung. Bei richtigem Raten gibt es einen „Sonderpunkt"
- Beide Partner haben die Augen verbunden und versuchen gleichzeitig, die Wäscheklammern des anderen zu ertasten

Methodische Hinweise – Inklusive Aspekte: Bei Kindern mit körperlichen Einschränkungen wird das Spiel im Sitzen durchgeführt. Kinder mit taktilen Wahrnehmungsstörungen werden behutsam an das Spiel herangeführt und können z. B. die Klammern ohne Augenbinde aber ggf. mit geschlossenen Augen an sich selbst ertasten und abnehmen.

Material: bunte Wäscheklammern

Make 'n' Break

Das Spiel orientiert sich am gleichnamigen Brettspiel „Make 'n' Break". Dabei haben die Kinder den Auftrag, Spielkarten von einem Stapel zu ziehen und die darauf abgebildeten Bauwerke mit den vorhandenen Bausteinen in einer vorgegebenen Zeit nachzubauen. Ziel ist es, so viele Bauwerke wie möglich korrekt aufzubauen.

In der bewegten Version sind auf den Spielkarten drei bis vier Personen in unterschiedlichen Haltungen und Positionen zueinander abgebildet. Im Spiel wird nun eine Zeit von bspw. zwei Minuten vorgegeben. In dieser Zeit muss die Kindergruppe so viele Karten wie möglich korrekt nachstellen. Dann ist die nächste Gruppe an der Reihe. Gewonnen hat das Team, das die meisten Karten korrekt darstellen konnte.

Die benötigten Spielkarten können gemeinsam mit den Kindern hergestellt werden, indem sich die Kinder positionieren und gegenseitig fotografieren (lassen).

Gruppengröße: ab sechs Kindern

Variationen:

- je nach Bedarf und Entwicklungsstand ohne Zeitvorgabe
- zwei oder mehr Gruppen können parallel mit derselben Karte arbeiten; die Gruppe bekommt einen „Siegerpunkt", die zuerst fertig ist
- auf den Karten können Bauwerke mit großen Bausteinen abgebildet sein, die entsprechend nachgebaut werden sollen

Methodische Hinweise – Inklusive Aspekte: Bei der Vorbereitung der (Spiel-) Bildkarten kann sich jedes Kind seinen Möglichkeiten entsprechend einbringen (Darsteller, Fotograf). Sind Kinder im Rollstuhl oder Kinder mit motorischen Beeinträchtigungen am Spiel beteiligt, sollten die nachzustellenden Positionen so gewählt werden, dass jeder jede Position problemlos einnehmen kann. Bei Kindern mit einer Hörschädigung empfiehlt sich ein optisches Signal (z. B. Tuch fallen lassen), um den Ablauf der Zeit zu signalisieren.

Material:

- Fotoapparat, Papier, Drucker
- Spielkarten
- Stoppuhr
- Tuch

Deckengeist

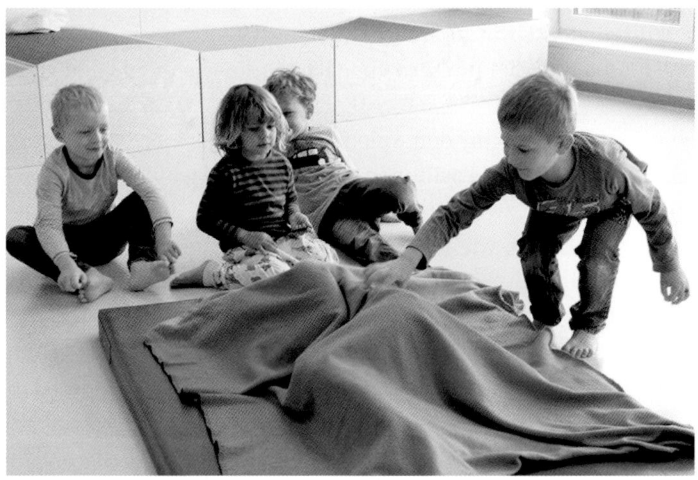

Für das Spiel verlässt ein Kind den Raum und geht vor die Tür. Ein oder zwei Kinder aus der wartenden Gruppe verstecken sich unter einer Decke, einem Schwungtuch oder mehreren Zeitungsblättern. Das wartende Kind wird nun hereingerufen und muss erraten, welches Kind/welche Kinder sich unter der Decke versteckt haben. Können die fehlenden Kinder nicht sofort erraten werden, besteht die Möglichkeit, ihnen Fragen zu stellen. Die versteckten Kinder können bei den Antworten ihre Stimme verstellen. Das Spiel ist beendet, wenn die Kinder unter der Decke richtig erraten wurden oder die Zeit (bspw. zwei Minuten) abgelaufen ist.

Gruppengröße: ab sechs Kindern

Variationen:

- das ratende Kind kann die versteckten Kinder unter der Decke vorsichtig abtasten und sich anschließend in der gleichen Position bzw. Haltung auf den Boden legen
- ist das Kind unter der Decke erraten/nicht erraten, kann dieses von den anderen „wachgekitzelt“ werden, es versucht trotzdem, so lange wie möglich regungslos liegen zu bleiben

Methodische Hinweise – Inklusive Aspekte: Das Spiel gelingt, wenn sich die Kinder untereinander und als Gruppe gut kennen. Wird von einzelnen Kindern der Körperkontakt als unangenehm empfunden, wird das Spiel ohne gegenseitige Berührung durchgeführt. Nehmen Kinder im Rollstuhl teil, sollten alle Teilnehmer auf Stühlen oder Kästen sitzen. Eventuell ist auch ein Platzwechsel zwischen einem Kind im Rollstuhl und einem Kind auf einem Stuhl möglich, um den Schwierigkeitsgrad zu erhöhen.

Material:

- Schwungtuch/Decke
- ggf. Stühle oder Kästen
- ggf. Stoppuhr

Klanggespräch

Zwei Kinder „unterhalten sich" über Trommeln oder Kartons miteinander. Sie können dazu auf den jeweiligen Gegenständen z.B. trommeln, wischen, kratzen oder tippen. Die beiden Kinder dürfen sich nur anhand dieser Klänge bzw. Geräusche unterhalten. Die restlichen Kinder der Gruppe überlegen, ob das Gespräch zwischen den beiden „ärgerlich", „streitend", „erzählend", „bittend", „ruhig", „freundlich", „traurig" usw. verlief. Kinder mit sprachlicher Einschränkung können die Gefühle ihrerseits pantomimisch darstellen oder auf bereit liegende Karten mit Darstellungen von Gefühlen bzw. von Personen mit unterschiedlicher Mimik zurückgreifen.

Gruppengröße: ab zwei Kindern

Variationen:

- die Gruppe nimmt das „Gespräch“ der beiden „Trommler“ auf und beteiligt sich mit der Erzeugung entsprechender Geräusche
- ein Kind in der Gruppe gibt durch Mimik, Gestik und Haltung die Emotionen/Gefühle vor, die von den trommelnden Kindern aufgegriffen werden

Methodische Hinweise – Inklusive Aspekte: Es ist wichtig, die Themen „Gefühle, Körperausdruck, Mimik“ vorher mit den Kindern zu erarbeiten. Zur Unterstützung können Bildkarten mit mimischen Darstellungen oder Gefühlsausdrücken einbezogen und nachgestellt werden.

Die Karten mit den Abbildungen können u. U. auch mit den Kindern gemeinsam fotografiert und hergestellt werden. Nehmen Kindern mit einer Hörbehinderung an dem Spiel teil, werden Gefühle nicht akustisch, sondern pantomimisch dargestellt.

Material:

- Trommeln und/oder Kartons
- ggf. Karten mit Abbildungen
- ggf. Fotoapparat, Papier und Drucker

3.5 Lernen und Wissen

Magnetische Kinder

Ausgangspunkt ist das sog. „Atomspiel". Dabei bewegen sich die Kinder zur Musik frei durch den Raum. Bei Musikstopp ruft der Spielleiter oder ein zuvor ausgewähltes Kind laut eine Zahl. Entsprechend viele Kinder sollen sich dann schnell zusammenfinden, an den Händen halten bzw. Körperkontakt aufnehmen. Bei erneutem Einsetzen der Musik bewegen sich alle Kinder wieder alleine durch den Raum. Die Anforderung wird erhöht, wenn die Gruppe versuchen soll, sich ohne Lösen des Körperkontakts hinzusetzen und wieder aufzustehen.

Gruppengröße: ab fünf Kindern

Variationen:

- eine zweite Zahl gibt die Anzahl der erlaubten Bodenkontakte an, z. B. „Drei" (Zahl Eins), „Acht" (Zahl Zwei)
- Drei Kinder – sechs Füße und zwei Hände
- die Körperteile, die den Boden berühren, werden vorgegeben (z. B. „Drei Kinder: vier Füße, zwei Hände, ein Knie")
- eine mit einem großen Schaumstoffwürfel ermittelte Zahl wird mit den Körpern auf dem Boden liegend dargestellt
- ein Farbwürfel bestimmt, wo sich die Gruppe trifft (z. B. blau = blaue Matte, grün = grüne Reifen, etc.)

Methodische Hinweise – Inklusive Aspekte: Nehmen Kinder mit einer Hörschädigung teil, ersetzen optische Signale musikalische und verbale Spielelemente. So kann mit großen Würfeln oder entsprechenden Zahlen- und Farbkarten gespielt werden. Bei der Teilnahme von Kindern im Rollstuhl und/oder Kindern mit unterschiedlichen körperlichen Einschränkungen werden die Spielaufträge (Anzahl/Farbe) den jeweiligen Möglichkeiten angepasst.

Material:

- Schaumstoffwürfel (Zahl/Farbe)
- ggf. CD-Player, Musik

Finde Farben und Formen!

Die „Formkarten“ (Kreise, Quadrate, Rechtecke, Dreiecke in unterschiedlichen Farben) werden jeweils in einer Ecke des Raumes platziert. Jedes Kind zieht sich eine „Aufgabenkarte“ oder bekommt eine zugeteilt und macht sich anschließend auf den Weg, sammelt dann die dazugehörigen Formkarten ein und bringt diese mit der „Aufgabenkarte“ wieder zum Startplatz zurück. Nun kann kontrolliert werden, ob die Aufgabe erfüllt wurde. Alternativ können sich die Kinder die „Aufgabenkarte“ nur am Start einprägen und dann die „Formenkarten“ entsprechend aus dem Gedächtnis einsammeln.

Gruppengröße: ab einem Kind

Variationen:

- sich alleine oder mit Partner mehrere Aufgabenkarten einprägen und anschließend die Formen einsammeln
- zwischen Startpunkt und Ort der Formenkarten befindet sich ein Hindernis-Parcours

Methodische Hinweise – Inklusive Aspekte: Dieses Spiel kann an den individuellen Entwicklungsstand der Kinder angepasst werden. Sowohl Kinder mit einer körperlichen Einschränkung als auch Kinder mit einer Hörbehinderung können mittels der „Aufgabenkarte(n)" die jeweilige(n) „Formkarte(n)" zusammentragen.

Material:

- Formkarten: verschiedenfarbig, aus Karton, jeweils 20 Stück: Kreise (Durchmesser sieben cm); Dreiecke (Kantenlänge acht cm); Quadrate(6 × 6 cm); Rechtecke (ca. 12 × 6 cm)
- Aufgabenkarten (Größe ca. 20 × 10 cm): aus Karton, evtl. laminiert, mit Abbildungen der verschiedenfarbigen Formkarten in unterschiedlicher Anzahl(2–4) und Kombination: Z. B. „Dreierkarte" (ein Dreieck/zwei Quadrate) oder „Viererkarte" (zwei Kreise/ein Dreieck/ein Quadrat/ein Rechteck)

Blätter Quiz

Jedes Kind sucht sich draußen oder drinnen aus einer Auswahl ein Blatt und betrachtet es einige Minuten genau. Dann werden die Blätter eingesammelt und gemischt. Aufgabe ist es nun, dass jedes Kind sein/ihr Blatt aus der Blättersammlung heraussucht bzw. wiederfindet.

Gruppengröße: ab einem Kind

Variationen:

- zusätzlich weitere Blätter untermischen
- statt Blätter andere Gegenstände bzw. Materialien wie z.B. Steine, Kastanien, Federn, Tennisbälle nutzen
- ein Kind beschreibt sein Blatt genau, die anderen müssen es heraussuchen
- verschiedene in die Hand gelegte Gegenstände sollen bei geschlossenen Augen ertastet und dann benannt werden

Methodische Hinweise – Inklusive Aspekte: An der Basisversion dieses Spiels können alle Kinder der Gruppe – unabhängig von einem Förderbedarf – teilnehmen.

Spielen Kinder mit einer Lernschwäche mit, sucht sich jedes Kind zur besseren Unterscheidbarkeit einen anderen Gegenstand aus. Zur Beschreibung werden danach konkrete Fragen gestellt (z.B. „Ist dein Gegenstand weich oder hart?“ „Ist dein Gegenstand grün oder rot?“ „Ist dein Gegenstand rund oder kantig?“ usw.). Die Fragen helfen auch Kindern, die einen Förderbedarf im Bereich Sprache haben.

Material:

- viele verschiedene Blätter
- ggf. Kieselsteine
- ggf. Federn u.a.
- ggf. Augenbinden

Das stumme Tier

Der Spielleiter hat verschiedene Kuscheltiere zusammengesucht und stellt diese den Kindern vor. Es sind genauso viele Tiere vorhanden, wie Kinder im Raum sind. Ein Kind übernimmt die Rolle des „Tierwärters" und verlässt den Raum.

Von den anderen Kindern sucht sich jedes ein Tier aus, dessen Geräusch es nachahmen möchte. Alle Tiere werden in die Mitte des Kreises gesetzt, auch das Tier, welches nicht ausgewählt wurde. Der „Tierwärter" betritt den Raum und alle Kinder machen gleichzeitig ihr „Tiergeräusch" nach. Der „Tierwärter" muss herausfinden, welches der Tiere in der Mitte „stumm" ist, also nicht von einem Kind nachgeahmt wird.

Gruppengröße: bis zehn Kinder

Variationen:

- zwei oder drei Tierwärter verlassen den Raum
- es bleiben mehrere Tiere übrig, die nicht ausgewählt werden
- es können zusätzlich (oder alternativ) die Tiere durch typische Bewegungen nachgeahmt werden

Methodische Hinweise – Inklusive Aspekte: Für Kinder mit körperlichen Einschränkungen ist das Spiel sehr gut geeignet, da es in der Basisversion ohne Bewegung auskommt. Sowohl die Rolle der „Tierstimmenimitatoren" als auch der „Tierwärterinnen" können von ihnen übernommen werden.

Spielen Kinder mit Hörbeeinträchtigungen mit, werden neben oder statt Tiergeräuschen (auch) die Bewegungen der Tiere nachgeahmt.

Material: verschiedene Kuscheltiere

Figuren legen

Die Kinder finden sich in Zweiergruppen zusammen. Ein Kind legt aus einem Seil eine Form. Dies kann bspw. eine Figur, ein Buchstabe oder eine Zahl sein. Der Partner hat die Augen geschlossen. Er soll mit den Händen oder Füßen die gelegte Figur ertasten und dann benennen, um welche Figur/Form es sich handelt.

Gruppengröße: ab zwei Kindern

Variationen:

- es werden Formen/Figuren durch Abbildungen vorgegeben
- statt benennen, Figur mit geöffneten Augen nachlegen
- Figuren aus anderen Materialien (Zollstöcke, Bierdeckel, Schwämme, etc.) legen; den Kindern sind die ausgewählten Materialien bekannt

Methodische Hinweise – Inklusive Aspekte: Damit allen Kindern eine Teilnahme am Spiel möglich ist, sollten zunächst einfache geometrische Figuren/Formen gelegt werden, die dann im Schwierigkeitsgrad langsam gesteigert werden können. Ggf. kann durch die Fachkraft die Auswahl durch Vorgaben gesteuert werden. Bei Kindern mit sprachlichen Einschränkungen können ggf. Bilder eingesetzt werden. Aus der Bilderauswahl kann das Kind, das zuvor die Augen geschlossen hatte, die richtige Form/Figur heraussuchen, wenn es diese nicht selbst benennen kann.

Material:

- Seilchen
- ggf. Zollstöcke, Bierdeckel, Schwämme, etc.
- ggf. Bilder mit Formen/Figuren

Igelrennen

Jedes Kind bekommt einen Tennisball, dann stellen sich alle nebeneinander an der Seite des Raumes auf. Sie sollen ihren Ball („Igel") eine Zeitlang genau betrachten. Auf ein Signal hin rollen die Kinder die Bälle zur anderen Seite des Raumes. Sie verfolgen ihren „Igel" mit den Augen. Wenn sich kein „Igel" mehr bewegt, laufen sie zur anderen Seite des Raumes und nehmen ihren Ball wieder auf. Dann beginnt das Spiel erneut von der anderen Seite.

Gruppengröße: ab fünf Kindern

Variationen:

- die Bälle durch ein „Tor“ (aus Hütchen) rollen, dadurch kreuzen sich die Wege und es wird schwieriger, den eigenen Ball im Auge zu behalten; das „Tor“ verkleinern/vergrößern
- Ausgansposition verändern, z.B. mit dem Rücken zum Raum, den Ball durch die gespreizten Beine rollen, im Sitzen
- während die Bälle rollen, darf sich kein Kind mehr bewegen
- als Partnerübung: ein Partner darf den Ball rollen, dann gehen beide Hand in Hand auf die Suche

Methodische Hinweise – Inklusive Aspekte: Ggf. können die Tennisbälle durch einen Filzstift mit Punkten o.ä. unterschiedlich markiert werden, damit Kinder mit kognitiven Einschränkungen oder Wahrnehmungsproblemen „ihren“ Ball auch wiederfinden. Bei Bedarf können Kinder mit einer Beeinträchtigung des Sehens oder der Motorik dieses Spiel mit einem Partner durchführen (siehe Partnerübung).

Material: pro Kind ein Tennisball

Spielkarten-Lauf

Es werden Mannschaften aus jeweils mindestens vier Kindern gebildet. Sie stehen an einer Seite des Raumes. Auf der anderen Seite bzw. in einiger Entfernung liegen für jedes Team getrennt sechs umgedrehte, ausgewählte Karten eines Kartenspiels (Skat: „9“, „10“, „Bauer“, „Dame“, „König“, „Ass“), jeweils in einer Farbe („Herz“, „Pik“ usw.) in zwei Dreierreihen. Jedes Team hat die Aufgabe, die Karten in der richtigen Reihenfolge auf ihre Seite zu bringen. Das Team gewinnt, welches dies als erstes geschafft hat.

Nach dem Startsignal läuft das erste Kind des Teams auf die „Kartenseite“ und dreht eine beliebige Karte um. Ist diese die richtige in der Reihenfolge (Skat: „9“), dann nimmt es die Karte an sich, läuft damit zurück zur „Teamseite“ und legt diese dort offen ab. Dann läuft das nächste Kind los und versucht die „10“ zu finden. Deckt es die falsche Karte auf, wird diese sofort wieder umgedreht auf den gleichen Platz gelegt, dann läuft es wieder zum Team zurück.

Die Kinder sollen bzw. dürfen sich gegenseitig darüber informieren, welche Karte sie aufgedeckt haben und wo diese liegt.

Gruppengröße: ab acht Kindern

Variationen:

- statt eines Skat-Spiels ein UNO-Spiel verwenden oder Spielkarten, die eine „logische“ Reihenfolge abbilden (z.B. nach Größe eines Fahrzeugs: „Roller“, „Fahrrad“, „Auto“, „LKW“, „Flugzeug“, „Kreuzfahrschiff“)
- mit Memory-Spiel: Eine Karte des Bildpaares liegt jeweils am Start aus, die Gegenkarte soll aufgedeckt werden
- weniger oder mehr Karten einsetzen

Methodische Hinweise – Inklusive Aspekte: Das Spiel ist gut an die jeweiligen Fähig- und Fertigkeiten der teilnehmenden Kinder anpassbar. Auch Kinder, die im Rollstuhl sitzen, können problemlos teilnehmen. Innerhalb des Teams können sich die Kinder durch den Austausch entsprechender Informationen unterstützen. Die Leistung des einzelnen Kindes steht aufgrund der hohen Zufallsabhängigkeit des Geschehens nicht im Vordergrund. Nehmen Kinder mit einer Sehschädigung teil, können die Aktionen (Laufen und Umdrehen der Karte) paarweise ausgeführt werden.

Material: Kartenspiel/Spielkarten in zwei bis vier „Kategorien“

Der verrückte Zoo

Jedes Kind erhält einen Zettel, auf dem sich die Abbildung eines Tieres befindet. Es darf nicht verraten werden, um welches Tier es sich handelt. Der Spielleiter erzählt folgende Geschichte:

„Im Zoo ist mitten in der Nacht der Strom ausgefallen. Dadurch haben sich die Käfigtüren geöffnet. Natürlich haben alle Tiere die Chance genutzt und spazieren nun über das riesige Zoogelände. Kurz bevor es hell wird, haben die meisten Tiere keine Lust mehr, alleine herumzulaufen. Sie suchen ihre Verwandten und Freunde. Wie könnte dies besser gelingen, als durch Rufen?“

Alle teilnehmenden Kinder sehen auf ihrem Zettel nach, welches „Tier“ sie darstellen. Jedes „Tier“ ist mehrfach vorhanden. Die „Tiere“ gehen durch den Raum und sollen durch pantomimische und/oder stimmliche Nachahmung versuchen, ihre Artgenossen zu erkennen und sich wieder in Gruppen zusammenzufinden. Das Spiel ist beendet, wenn alle „Tiere“ ihre Freunde und Verwandten gefunden haben.

Gruppengröße: ab zehn Kindern

Variationen:

- Bauernhof: Die Geschichte wird an das Thema angepasst. Es nehmen Tiere vom Bauernhof teil (Kühe, Schweine, Hühner)
- der Bauer erhält die Aufgabe, die Tiere an den Stimmen/Bewegungen zu erkennen und wieder in die richtigen Ställe zurück zu bringen

Methodische Hinweise – Inklusive Aspekte: Das Spiel eignet sich in allen Variationen für alle Kinder, da sie verschiedene Rollen im Spiel übernehmen und die Regeln entsprechend ihren Möglichkeiten abgewandelt werden können. Kinder, die im Rollstuhl sitzen, übernehmen bspw. die Rolle des Bauern. Bei Kindern mit Einschränkungen im auditiven Bereich kann auf die akustische Darstellung verzichtet werden. Sie können die Tiere aufgrund der Bewegungen erkennen und nach Gruppen zusammenstellen.

Material: Zettel oder Karten mit Tierbildern

Rasende Reporter

Jeweils zwei Kinder spielen zusammen. Kind A („Reporter") führt Kind B („Kamera"), das die Augen geschlossen hat, durch den Raum. Beide haben vorher verabredet, wo bzw. an welcher Stelle bei der „Kamera" der „Auslöser" ist. Sieht der „Reporter" etwas, das sich aus seiner Sicht zu „fotografieren" lohnt, wird der „Auslöser" berührt. Die „Kamera" öffnet für einen ganz kurzen Moment die Augen und macht ein „Foto". Wenn eine bestimmte Anzahl an „Fotos" gemacht wurde, benennt das „Kamera-Kind" die zuvor wahrgenommenen Gegenstände, Personen oder Situationen. Anschließend erfolgt ein Wechsel der Rollen.

Gruppengröße: ab zwei Kindern

Variationen:

- statt „Kamera“ ist das geführte Kind ein „Geräusche-Rekorder“; das führende Kind klopft z.B. nach Ansage „Achtung Aufnahme“ auf einen Gegenstand, reibt mit der Hand über eine Oberfläche oder erzeugt Geräusche mit unterschiedlichen Materialien und Geräten
- mit der gleichen Grundidee: „Geruch-Rekorder“ oder „Fühlkamera“

Methodische Hinweise – Inklusive Aspekte: Kinder im Rollstuhl oder mit sonstigen motorischen Beeinträchtigungen können die Rolle der „Kamera“ gut ausfüllen. Als „Reporter“ geben sie einem Partner ggf. durch Zeichen die Anweisung, wohin die „Kamera“ geführt werden soll. Kinder mit Sehbeeinträchtigungen können als „Kamera“ Gegenstände erfüllen und beschreiben.

Material: Es wird kein Material benötigt.

Ich finde was, was du nicht hast

Die Kinder bewegen sich durch den Raum. Auf Zuruf „Was ist einmal im Raum vorhanden?“ suchen sich die Kinder einen Gegenstand im Raum, der möglichst nur einmal zu finden ist, laufen dort hin und berühren diesen. Der Gegenstand wird von den Kindern benannt und das Spiel geht weiter. In der Spielfolge werden die Ansagen variiert. So können Dinge gesucht werden, die zweimal, dreimal etc. im Raum aufzufinden sind oder bestimmte Farben bzw. Eigenschaften haben.

Gruppengröße: ab vier Kindern

Variationen:

- in ein Musikstopp-Spiel einbauen
- Kombination von Eigenschaften suchen und finden (z. B. „rund – fünfmal!")
- vor dem Spiel können Materialien unterschiedlichster Art und Größe (Bälle, Tücher, Reifen) gesammelt und in einem Feld oder auch großen Kasten abgelegt werden; beim Spiel zählen nur die Gegenstände dieses Feldes bzw. in diesem Kasten

Methodische Hinweise – Inklusive Aspekte: Kinder mit Seheinschränkungen können die Kommandos geben und die gefundenen Materialien abtasten. Bei Kindern mit Höreinschränkungen empfiehlt sich der Einsatz von Farb- und Zahlenkarten.

Material:

- ggf. Musik
- ggf. Bilder
- ggf. Materialien und Gegenstände zum Einsammeln

Obstgarten in Bewegung

Der „Obstgarten“ besteht aus vier Gymnastikreifen als „Obstbäume“ (Apfel, Birne, Pflaume und Kirsche) und einen als „Nussbaum“. Jeder „Baum“ trägt 15 „Früchte“ (jeweils 15 gleichfarbige, zu den Seiten eines bunten Schaumstoffwürfels passende kleine Gegenstände oder Spielkarten mit den Fruchtsymbolen). Außerdem gibt es einen „Obstkorb“ (umgedrehter kleiner Kasten). Ein Kind spielt den „Raben“, er sitzt in einem Gymnastikreifen oder auf einem Stuhl. Die anderen Kinder teilen sich in vier Gruppen auf und stellen/setzen sich an einen vorher bestimmten Platz in einiger Entfernung zu den „Bäumen“. Jede Gruppe hat einen Schaumstoffstoffwürfel, dessen farbige Seiten zu einem der „Bäume“ passen. Das erste Kind in jeder Gruppe würfelt, läuft zum „Baum“ mit der gewürfelten Fruchtfarbe, holt sich eine „Frucht“ und legt sie in den „Obstkorb“. Anschließend läuft das Kind so schnell wie möglich wieder zu seiner Gruppe und das nächste ist an der Reihe. Wird die „Nussfarbe“ gewürfelt, wird eine „Nuss“ vom Baum geholt und dem „Raben“ gegeben. Gewonnen hat die Gruppe, die als erste ihren „Baum“ abgeerntet hat, es sei denn, der „Rabe“ war schneller bzw. der Nussbaum ist als erstes leer.

Gruppengröße: ab zehn Kindern

Variationen:

- nur ein Kind würfelt für alle
- Anzahl der „Früchte“ und „Nüsse“ variieren
- Schaumstoff-Frisbees als „Früchte“, die von einem markierten Punkt in den „Obstkorb“ geworfen werden sollen
- Gangarten zwischen Gruppe und „Baum“ vorgeben

Methodische Hinweise – inklusive Aspekte: Die Beteiligung von Kindern im Rollstuhl ist problemlos möglich, evtl. sollten jedoch Teppichfliesen statt Gymnastikreifen verwendet werden. Die „Früchte“ können diesen Kindern in die Hand gegeben werden. Alternativ können sie auch auf einem Kasten bereit liegen. Bei Kindern mit Sehbehinderung kann das „Ernten der Früchte“ mit einem Partner durchgeführt werden.

Material:

- bunte Schaumstoffwürfel
- 4 × 15 kleine, gleichfarbige Gegenstände oder Symbolkarten für Obst und Nuss
- fünf Gymnastikreifen/Teppichfliesen
- ein kleiner Kasten

Das ist ein ...

Die Kinder stehen im Kreis. Der Spielleiter übergibt einem Kind seiner Wahl ein Tuch mit den Worten „(Name des Kindes), das ist ein Tuch" und kehrt zu seinem Platz zurück. Das Kind übergibt das Tuch mit denselben Worten „(Name des Kindes), das ist ein Tuch" an ein anderes Kind in der Gruppe. Dies geschieht so lange, bis jedes Kind einmal das Tuch bekommen und weitergegeben hat. Jedes Kind merkt sich dabei, von wem es das Tuch erhalten und an wen es das Tuch weitergegeben hat. Das letzte Kind in der Reihe übergibt das Tuch wieder an den Spielleiter. Damit sich alle die Reihenfolge einprägen können, wird die Runde mehrere Male wiederholt. In der Folge kann der Spielleiter weitere Gegenstände in das Spiel bringen. Auch diese müssen mit dem vorgegebenen Satz „(Name des Kindes), das ist ein (Bezeichnung des Gegenstandes)" weitergegeben werden.

Gruppengröße: ab acht Kindern

Variationen:

- Gegenstände können mit Fantasiebeschreibungen oder -namen weitergegeben werden, z. B. für Frisbeescheibe: „XY, das ist die Schwester des Balles"
- Gegenstände in umgekehrter Reihenfolge weitergeben
- der Kreis kann aufgelöst und die Gegenstände können in der bekannten Reihenfolge in Bewegung weitergegeben werden

Methodische Hinweise – Inklusive Aspekte: Das Spiel kann vereinfacht werden, indem die Positionen der Kinder durch Teppichfliesen markiert werden. So wird es den Kindern ermöglicht, sich auf den sprachlichen Aspekt zu konzentrieren. Das Spiel eignet sich gut für Kinder, die Unterstützung in ihrer Sprachentwicklung benötigen. Bei Kindern mit einer Sehbehinderung kann das Weitergeben und Benennen jeweils partnerweise erfolgen. Ein Weitergeben im Kreis und das Benennen der Gegenstände ist auch mit geschlossenen Augen für alle möglich.

Material: ein Tuch und weitere kleinere Gegenstände/Materialien (Bälle, Bierdeckel, Frisbee-Scheiben usw.)

3.6 Selbst- und Fremdvertrauen

Mutsprung-Schanze

Über den Holm eines quergestellten Barrens werden drei Turnbänke eingehängt. Darüber werden zwei Weichbodenmatten gelegt, so dass eine Sprungschanze entsteht. Hinter dem Barren liegt eine weitere Weichbodenmatte. Der Barren und die Schanze werden zusätzlich mit Matten abgesichert. Die Kinder können alleine, zu zweit oder zu dritt gemeinsam über die Schanze laufen und am Ende abspringen.

Gruppengröße: ab zwei Kindern

Variationen:

- Kinder springen mit geschlossenen Augen
- beim Springen laut den eigenen Namen o.ä. rufen
- Luftballon oder ein zum Kreis gelegtes Springseil als „Ziel", das bei der Landung getroffen werden soll

Methodische Hinweise – Inklusive Aspekte: Mutigere Kinder helfen schüchternen Kindern, indem sie zuerst springen oder gemeinsam mit ihnen. Kinder, die nicht aus dem Stand springen möchten, dürfen sich auf die Kante setzten und herunterrutschen. Es sollte sichergestellt werden, dass Kinder nur springen, wenn die „Landematte" frei ist (hier kann ein Kind den „Wächter" spielen). Das Spiel ist vor allem für Kinder geeignet, die ihren Mut beweisen wollen und die, die unter kontrollierten Bedingungen ihre Grenzen austesten möchten.

Material:

- mind. drei Weichbodenmatten
- ggf. Luftballons
- ein Barren
- ggf. ein Seil
- drei Turnbänke
- kleine Matten

Wo liegt das Säckchen?

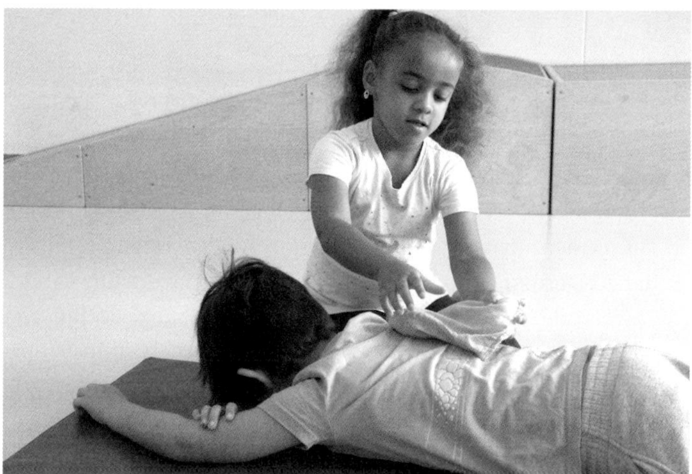

Die Kinder finden sich paarweise zusammen. Ein Kind liegt mit geschlossenen Augen in Bauchlage auf dem Boden. Das andere hat ein Säckchen in der Hand und legt dieses vorsichtig auf den Körper des liegenden Partners. Das liegende Kind signalisiert, wenn es etwas spürt und benennt die betreffende Körperstelle. Daraufhin wird das Säckchen wieder abgenommen und an einer anderen Stelle des Körpers erneut aufgelegt.

Gruppengröße: ab zwei Kindern

Variationen:

- ein Kind wird von mehreren/allen anderen Kindern „belegt"
- Bälle oder einen Luftballon auf den Körperteilen hin- und her rollen

- mehrere Säckchen werden aufgelegt; das liegende Kind soll signalisieren, wenn eines weggenommen wird
- statt Säckchen glatte Kieselsteine in unterschiedlicher Größe auflegen

Methodische Hinweise – Inklusive Aspekte: Es gilt auch hier das Prinzip der Freiwilligkeit. Die Kinder können selbst entscheiden, ob sie mit Säckchen belegt werden wollen bzw. andere Kinder belegen oder ob sie die Position des Zuschauers bevorzugen. Für Rollstuhlkinder kann das Spiel im Sitzen durchgeführt werden. Je nach körperlicher Einschränkung können Körperstellen vorgegeben werden, die dann belegt werden.

Material:

- Sandsäckchen
- ggf. verschiedene Bälle
- ggf. Steine
- ggf. Matten

Durch die Dunkelheit

Die Kinder finden sich in Paaren zusammen. Kind A hält Kind B, das die Augen geschlossen hat, am Oberarm und an der Hand fest und führt es vorsichtig durch den Raum. Dabei dürfen die beiden die Geschwindigkeit und die Bewegungsrichtung eigenständig wählen bzw. miteinander absprechen, auch rückwärts- und seitwärts laufen ist möglich. Das führende Kind achtet darauf, dass es zu keinen Zusammenstößen kommt. Nach einer selbstbestimmten Zeit oder auf ein Signal soll das geführte Kind raten, wo es sich im Raum befindet. Dann wechseln sie die Rollen.

Gruppengröße: ab zwei Kindern

Variationen:

- alle Kinder gehen mit geschlossenen Augen langsam durch den Raum, sie halten die Arme zum Schutz nach vorne
- Kind A führt Kind B mit durch die Stimme erzeugten Geräuschen ohne Körperkontakt durch den Raum
- Kind A führt Richtungsänderungen bei Kind B durch kurzes Antippen der rechten oder linken Schulter aus. Ein kurzes Klopfen auf den Rücken bedeutet „Stopp!"
- Kind A führt Kind B durch eine „Papprollen-Landschaft" (im Raum zahlreiche Papprollen verteilt aufstellen)

Methodische Hinweise – Inklusive Aspekte: Ein Kind, das im Rollstuhl sitzt, kann ein anderes führen, indem dieses sich am Rollstuhl festhält und die Augen schließt. Soll es selbst geführt werden, so wird es am Rollstuhl durch den Raum geschoben. Damit Kinder mit einer Sehbehinderung auch die Führungsrolle übernehmen können, wird es durch einen weiteren Spielpartner an der Seite unterstützt, der rechtzeitig auf Gefahren hinweist.

Material: ggf. Papprollen

Klebemeister

Jeweils drei oder mehr Kinder finden sich als Gruppe zusammen. Für jedes Kind hat ein aus der Gruppe bestimmter „Klebemeister" zwei bis drei Bierdeckel zur Verfügung, mit denen er die übrigen Kinder in beliebiger Art und Weise aneinander „kleben" darf. Die Bierdeckel bilden die Klebefläche. Beispiele: Eine Hand auf den Rücken, die Stirn, oder ein Knie eines anderen Kindes „kleben", Hüfte mit Hüfte oder Schulter mit Schulter „verkleben" u.v.m. Nachdem die Kinder aneinander „geklebt" wurden, sollen sie sich als Gruppe fortbewegen, ohne dass die Verbindung aufgelöst wird und die Bierdeckel zu Boden fallen.

Gruppengröße: ab drei Kindern

Variationen:

- von ein oder zwei „Klebemeistern" wird die gesamte Gruppe zu einer großen „Skulptur" verklebt
- als Wettkampf: „Wer kann die meisten Bierdeckel zum ‚Kleben' einsetzen?"
- im Raum Stellen markieren (z.B. durch Hütchen oder Teppichfliesen), die von der Gruppe erreicht werden sollen

Methodische Hinweise – Inklusive Aspekte: Kinder, die im Rollstuhl sitzen, bzw. Kinder mit körperlichen Beeinträchtigungen können in der Regel problemlos an diesem Spiel teilnehmen, wenn die übrigen Kinder sich nicht zu schnell bewegen und keine abrupten Richtungswechsel vornehmen. Auch sollte darauf geachtet werden, dass keine zu komplizierten „Verklebungen" entstehen. Ein Kind mit einer Sehbehinderung kann als „Klebemeister" seine Aktionen durch Tasten durchführen und wird in der Gruppe durch den entstehenden Körperkontakt geführt.

Material:

- Bierdeckel
- ggf. Hütchen/Teppichfliesen

Bodyguard

Es bilden sich jeweils Dreiergruppen, dabei stehen die Kinder Schulter an Schulter. Das mittlere Kind ist eine „VIP“ (Very Important Person). Die beiden äußeren sind „Bodyguards“ und haben die Aufgabe, jeweils die Schulter der „VIP“, die sie berühren, und damit die gesamte Person zu „schützen“. Die „VIP“ darf sich nach Belieben und mit selbstgewählter Geschwindigkeit durch den Raum bewegen (rückwärts, vorwärts, mit Drehungen, auf den Boden legen, krabbeln, hinsetzen und aufstehen).Die „Bodyguards“ versuchen dabei, sich den Bewegungen und Handlungen der „VIP“ anzupassen und den Kontakt zur schützenden Schulter nicht zu verlieren. Auf ein Signal hin wechseln die Rollen.

Gruppengröße: ab drei Kindern

Variationen:

- Hindernisse im Raum sollen überwunden werden oder ihnen ausgewichen werden (z. B. Papprollen, kleine Kästen usw.)
- die „VIP“ hält die Augen geschlossen und wird durch den Körperkontakt an den Schultern durch die „Bodyguards“ vorsichtig durch den Raum geführt; umgekehrt können auch die „Bodyguards“ versuchen, die Augen geschlossen zu halten

Methodische Hinweise – Inklusive Aspekte: Sitzt ein Kind im Rollstuhl, wird die Teilnahme als „VIP“ ermöglicht, indem die „Bodyguards“ ihre Hände auf seine Schultern legen. Wird das Kind im Rollstuhl zum „Bodyguard“, legt die

„VIP“ eine Hand auf seine Schulter. Zwischen „VIP“ und „Bodyguard“ kann auch mit Hilfe von Wäscheklammern ein Zeitungsblatt gespannt werden. Nehmen Kinder mit einer Sehbeeinträchtigung die Rolle eines „Bodyguards“ ein, sollte darauf geachtet werden, dass die „VIP“ sich nicht zu schnell und zu ruckartig bewegt, so dass der Körperkontakt aufrechterhalten werden kann.

Material: ggf. Zeitungsblätter und Wäscheklammern

Sirene einschalten und ausschalten

Die Kinder gehen immer paarweise zusammen. Dabei ist Partner A die „Sirene“ und Partner B der „Sirenen-Bediener“. Partner A („Sirene“) sucht sich eine Stelle am Körper bzw. ein Körperteil als „Alarmknopf“ aus, verrät diese aber nicht. Der „Sirenen-Bediener“ tastet vorsichtig den Köper ab, bis die Stelle gefunden wird und der Alarm ausgelöst werden kann. Die „Sirene“ macht daraufhin ein lautes Geräusch.

Gruppengröße: ab zwei Kindern

Variationen:

- umgekehrt: der „Alarm“ ertönt, d. h. die „Sirene“ ist eingeschaltet, der „Sirenen-Bediener“ sucht den Knopf zum Abschalten
- mehrere „Alarmknöpfe“, die unterschiedliche Geräusche produzieren
- Ein- und Ausschaltknopf befinden sich an unterschiedlichen Stellen

Methodische Hinweise – Inklusive Aspekte: Möchte man Kinder mit Höreinschränkungen an diesem Spiel beteiligen, besteht die Variante, dass statt eines Geräusches eine „Alarm-Bewegung" ausgelöst wird.

Material: Es wird kein Material benötigt.

Angeklammert

Jeweils zwei Kinder stellen oder setzen sich einander gegenüber und haben die Augen geschlossen oder verbunden. Beide heften sich gegenseitig Wäscheklammern an beliebige Stellen des Körpers (Kleidung, Haare, Schuhe usw.) an. Anschließend nehmen sie sich vorsichtig die zuvor angehefteten Klammern wieder ab, nachdem sie ihre Körperposition (z. B. durch Drehung um die eigene Achse) verändert haben.

Gruppengröße: ab zwei Kindern

Variationen:

- Klammern mit offenen Augen anheften und mit geschlossenen Augen abnehmen
- erst heftet sich jedes Kind selbst die Klammern an und nimmt erst dann die des Partner ab

Methodische Hinweise – Inklusive Aspekte: Das Spiel ist im Prinzip für alle Kinder möglich. Sollten Kinder mit starken (körperlichen) Einschränkungen teilnehmen, werden diese ggf. durch einen weiteren Spielpartner unterstützt. Kinder mit Wahrnehmungsstörungen können behutsam an das Anheften der Klammern herangeführt werden, indem man ihnen vorab die Möglichkeit gibt, es in ihrem Tempo mehrfach an sich selbst auszuprobieren.

Material:

- Wäscheklammern
- ggf. Augenbinden

Spinnennetz

Jedes Kind bekommt ein Seilchen, dann bilden alle Kinder zusammen einen Kreis. Nun schlingen sie die Seilchen in der Mitte so umeinander, dass jedes Kind die beiden Enden des Seilchens in der Hand hält. Ein weiteres Seilchen wird in der Mitte um alle herum gelegt und fest verknotet. So wird ein großes und stabiles „Spinnennetz" gebildet, in dessen Zentrum sich ein Kind hinsetzen kann und dann von den andern langsam und vorsichtig hochgehoben, sanft geschaukelt und wieder abgesetzt wird. Dabei hält es sich an den Seilchen fest und darf auch die Augen schließen. Auf die Mitte kann auch eine Teppichfliese oder ein Kissen gelegt werden, damit das Sitzen angenehmer wird.

Gruppengröße: ab sechs Kindern

Variationen:

- ohne dass ein Kind in der Mitte sitzt, kann die Gruppe nach dem Ausbalancieren (vorsichtiges Zurücklehnen und an den Seilchen festhalten) versuchen, sich gemeinsam hinzusetzen und wieder aufzustehen (mit offenen und geschlossenen Augen)
- statt eines Kindes in der Mitte einen großen Gegenstand (z. B. Karton, großer Schaumstoffwürfel, Gymnastikball) bewegen
- statt Seilchen ein Schwungtuch einsetzen

Methodische Hinweise – Inklusive Aspekte: Nehmen Kinder mit körperlichen Beeinträchtigungen teil, sollte entweder nur ein Schwungtuch genutzt werden, wenn diese getragen bzw. geschaukelt werden, oder der Erwachsene stellt sich nah am Kind zwischen die Seilchen und stabilisiert es durch Festhalten an den Oberarmen.

Material:

- Seilchen
- ggf. ein Schwungtuch
- ggf. Teppichfliese/Kissen

Schützt die Königin – schützt den König!

Es werden zwei Mannschaften möglichst mit der gleichen Anzahl an Mitspielern gebildet (mindestens fünf pro Mannschaft). Eine Mannschaft bestimmt einen „König" bzw. eine „Königin", der/die sich in ein markiertes Feld von etwa 3 × 3 Metern stellt oder setzt. Um dieses Feld wird aus Seilchen oder mit Hilfe von Klebeband eine Zone von etwa zwei Metern Breite errichtet, in der sich die Mitspieler der „Königmannschaft" aufhalten. Ihre Aufgabe ist es, ihre „Königin" bzw. ihren „König" vor Treffern mit Softbällen von außerhalb durch die andere Mannschaft zu schützen. Nach einer vorher bestimmten Anzahl von Treffern wechseln die Teams die Rollen.

Gruppengröße: ab zehn Kindern

Variationen:

- zwei Kinder als „Königin und/oder König"
- wird der Ball gefangen, gilt dies nicht als Treffer
- statt „„Königin"/„König" werden einige Papprollen oder Keulen in das Mittelfeld gestellt; fällt die letzte um, ist das Spiel beendet
- umgekehrte Spielidee: „Königin"/„König" der außenstehenden Mannschaft steht oder sitzt im mittleren Feld, die Mitspieler des eigenen Teams sollen versuchen, dieser/m die Bälle so zuzuspielen, dass sie gefangen werden können

Methodische Hinweise – Inklusive Aspekte: Die unterschiedlichen Aufgaben in „Abwehr" und „Angriff" ermöglichen die Teilnahme fast aller Kinder. Die Rollen von „Königin" und „König" eignen sich z. B. gut für Kinder im Rollstuhl bzw. mit körperlichen/motorischen Einschränkungen.

Material:

- Softbälle in verschiedenen Größen
- Seilchen zum Markieren der Zonen und Felder

Goofy

Alle Kinder schließen die Augen. Der Spielleiter bestimmt ein Kind, welches als „Goofy“ mit geöffneten Augen durch den Raum geht. Die Aufgabe für die Kinder mit geschlossenen Augen ist es, „Goofy“ zu suchen. Berührt ein Kind ein anderes, fragt es: „Bist du Goofy?“. Lautet die Antwort „Nein!“ gehen beide Kinder weiter. „Goofy“ jedoch schweigt bei der Berührung. Hat ein Kind „Goofy“ gefunden, legt es ihm die Hände auf die Schultern oder fasst es an einer Hand und wird somit ebenfalls zu „Goofy“. Sie gehen nun gemeinsam mit geschlossenen Augen über das Spielfeld. So wird die Gruppe immer größer. Das Spiel ist beendet, wenn alle Kinder „Goofy“ sind.

Gruppengröße: ab acht Kindern

Variationen:

- auch der erste „Goofy“ hat die Augen geschlossen
- „Goofy“ darf nach einiger Zeit oder Aufforderung ein akustisches Signal geben, so dass sein Auffinden erleichtert wird

Methodische Hinweise – Inklusive Aspekte: Die Kinder gehen langsam, sie tasten behutsam und sind während des gesamten Spiels leise.

Das Spiel kann – wenn eine Beeinträchtigung der Motorik oder des bzw. Hörens vorliegt – dadurch ermöglicht werden, dass jeweils zwei Kinder paarweise durch den Raum gehen, dabei führt das eine Kind das andere.

Material: ggf. Augenbinden

Schiffe und Heulbojen

Eine Hälfte der Gruppe spielt „Schiffe", die andere Hälfte spielt „Heulbojen". Die „Heulbojen" verteilen sich frei im Raum. Die „Schiffe" sollen den Raum mit geschlossenen oder verbundenen Augen von einer Seite zur anderen durchqueren („in den Hafen einfahren"), ohne die „Heulbojen" zu berühren. Diese geben ihre Position durch ein akustisches Signal zu erkennen. Ein Kind mit einer Triangel oder Trommel kennzeichnet das Ziel, den „Hafen". Sind alle „Schiffe" angekommen, werden die Rollen getauscht.

Gruppengröße: ab zehn Kindern

Variation: die „Bojen" sollen in einer bestimmten Reihenfolge von den „Schiffen" angefahren bzw. umfahren werden; dazu werden vorher entsprechend unterschiedlich Signale vereinbart

Methodische Hinweise – inklusive Aspekte: Bei Kindern mit einer Höreinschränkung kann ein zusätzlicher Partner (als „Begleitboot") Unterstützung bieten. Nehmen Kinder, die im Rollstuhl sitzen, teil, sollte auf genügend Abstand zwischen den „Bojen" geachtet werden, damit diese gut „umschifft" werden können.

Material:

- Triangel oder Trommel
- ggf. Augenbinden

Fliegender Teppich

Die Kinder finden sich in Kleingruppen von fünf bis sechs Personen zusammen. Jede Gruppe erhält eine stabile Decke oder ein Schwungtuch („fliegender Teppich"). Ein Kind legt sich darauf und wird nun von den anderen durch den Raum getragen. Dabei kann der „Teppich" sanft hin und her bewegt werden. Am Ende der (ggf. vorgegebenen) Strecke legen die Träger das Kind sanft auf dem Boden ab.

Gruppengröße: ab sechs Kindern

Variationen:

- ein oder mehrere Kinder auf der Decke/dem Schwungtuch ziehen, die anderen versuchen, das Wegziehen durch Aufstemmen der Füße und Hände auf den Boden zu erschweren
- während des Ziehens Gegenstände (z.B. Bälle, Keulen, Papprollen etc.), die im Raum liegen, einsammeln

Methodische Hinweise – Inklusive Aspekte: Es muss sichergestellt werden, dass das Kind in der Decke unfallfrei getragen werden kann. Ggf. muss ein Erwachsener pro Gruppe abgestellt werden und mittragen. Sollte ein Parcours aufgebaut werden, ist ebenfalls sicherzustellen, dass die tragenden Kinder diesen problemlos bewältigen können. Für Kinder mit motorischen Einschränkungen kann es spannend sein, sich auf dem „fliegenden Teppich“ tragen zu lassen. Rollstuhlfahrende Kinder können evtl. andere Kinder mit ihrem Rollstuhl transportieren. Sie werden dann selbst zum „fliegenden Teppich“.

Material:

- stabile Decken/Schwungtücher
- ggf. Materialien zum „Einsammeln“

3.7 Kooperation und Kommunikation

Ballschleuder

Zwei Kinder halten zwischen sich ein Handtuch gespannt. Auf dem Tuch liegt ein Ball (bspw. Gymnastikball, Tischtennisball, Tennisball, Luftballon oder Softball). Die Kinder erhalten die Aufgabe, mit Tuch und Ball zu experimentieren. Im Anschluss können, je nach Kreativität der Kinder, weitere Anregungen gegeben werden. So kann der Ball durch die Bewegungen des Tuches hin und her gerollt werden. Die Kinder können ihn hochschleudern und wieder auffangen oder aufspringen lassen und wieder auffangen usw. Stehen sich die Paare in einer langen Reihe gegenüber, so werden in dieser Formation die Bälle von einem Tuch zum nächsten übergeben. Aus dieser Übung kann ein Wettspiel zwischen zwei Gruppen entstehen. Ziel ist es dabei herauszufinden, welche Gruppe zuerst eine vorgegebene Distanz überwinden kann.

Gruppengröße: ab zwei Kindern

Variationen:

- als Ballersatz zusammengerollte Socken verwenden
- Tücher in unterschiedlichen Größen und Qualitäten
- alle Paare bauen bzw. halten eine abschüssige Bahn; dann oben Bälle auflegen, die am Ende in einen kleinen umgedrehten Kasten rollen sollen
- statt vieler kleiner Tücher ein großes Tuch verwenden

Methodische Hinweise – Inklusive Aspekte: Es sollte genug Zeit zum Experimentieren gelassen werden, damit alle Kinder ihren Voraussetzungen gemäß Zugang zum Material und zum Spiel finden. Ebenfalls ist es wichtig, dass der Raum groß genug ist. Steht kein adäquater Raum zur Verfügung, so kann das Spiel auch draußen stattfinden. Viel Platz ist insbesondere für Kinder im Rollstuhl notwendig. Sie können ggf. von einem stationären Platz aus mit einem Partnerkind die Aufgaben erfüllen.

Material:

- Chiffon-Tücher
- Bälle
- ggf. Socken
- ggf. kleiner Kasten
- ggf. ein Schwungtuch

Der verrückte Luftballon

Die Kinder werfen sich paarweise einen Luftballon zu, der einen weiteren mit ein wenig Wasser gefüllten und zugeknoteten Luftballon oder einen kleinen Flummi enthält. Der Ballon im Inneren sorgt dafür, dass die Flugbahn nicht abzuschätzen ist, sodass das Fangen erheblich erschwert wird.

Gruppengröße: ab zwei Kindern

Variationen:

- den Luftballon aus selbstgewählter Entfernung in oder durch ein Ziel werfen (z. B. umgedrehter kleiner Turnkasten oder hochgehaltener Gymnastikreifen)
- in der Kreisaufstellung einen oder mehrere Luftballons hin und her werfen und versuchen, diese zu fangen
- Büchsenwerfen: Versuchen, auf einem Turnkasten oder Tisch durch alte Konservendosen aufgebaute Pyramide zu treffen und herunter zu werfen

Methodische Hinweise – Inklusive Aspekte: Das Spiel kann von Kindern mit sehr unterschiedlichen motorischen Voraussetzungen ausgeführt werden, auch im Sitzen (Rollstuhl). Durch die Unberechenbarkeit und Zufälligkeit der Flugbahn besteht keine Abhängigkeit des Spielergebnisses von den motorischen bzw. koordinativen Kompetenzen.

Material:

- Luftballons
- Wasser
- ggf. Gymnastikreifen
- ggf. Krepp-Klebeband
- ggf. Konservendosen

Alarm – Alarm!

Ein Wecker oder ein Handy o. Ä. wird mit eingestelltem „Alarm/Weckruf" (Zeit: 3 – 5 Minuten) irgendwo im Raum versteckt. Die Zeit variiert je nach Raumgröße und Spielern. Die Kinder sollen diesen finden, bevor der „Alarm" ausgelöst wird.

Gruppengröße: ab fünf Kindern

Variationen:

- Alarmzeit verlängern, verkürzen
- mehrere „Alarmquellen"
- statt Alarmsignal eine lustige „Wave-Datei" (z. B. mit Tiergeräuschen) verwenden
- „Alarmlautstärke" variieren

Methodische Hinweise – Inklusive Aspekte: Hörgeschädigte Kinder können in dieses Spiel eingebunden werden, indem sie das Handy bzw. die Alarmquelle verstecken und bei Bedarf den suchenden Kindern Hilfestellung geben.
Bei Kindern, die im Rollstuhl sitzen, sollte darauf geachtet werden, dass der versteckte „Wecker" auch aus dem Rollstuhl erreichbar bzw. greifbar ist.

Material: Wecker bzw. Handy

Fadentanz

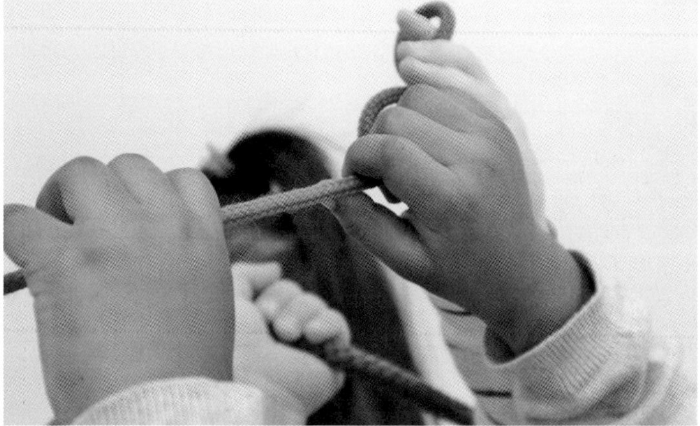

Die Kinder finden sich paarweise zusammen. Jedes Paar fasst einen ca. 1,5 m langen Faden jeweils an den Enden an und tanzt damit zur Musik frei durch den Raum. In der Bewegung können die Kinder „Brücken" bilden, durch die andere Kinder hindurchtanzen. Sie können in der Bewegung ihren Faden auf- und wieder abwickeln sowie verschiedene Bewegungsformen (hüpfen/rollen) verschiedene Raumrichtungen (vorwärts-/rückwärtslaufen) und verschiedene Geschwindigkeiten (schnell/langsam) einbauen.

Gruppengröße: ab sechs Kindern

Variationen:

- als „Stopptanz“: Bei Musikstopp werden Bewegungsformen vorgegeben
- mehrere Kinder fassen an den Fadenenden an und bewegen sich gemeinsam durch den Raum
- die Kinder erstellen mit den Fäden „Bilder“ auf dem Boden

Methodische Hinweise – Inklusive Aspekte: Der Raum muss genügend Platz bieten, damit die Paare einander ausweichen können, um sich nicht miteinander zu verheddern. Bei Kindern im Rollstuhl kann der Faden bzw. das Seilchen ggf. direkt am Rollstuhl befestigt werden. Die Bewegungen sollten dann entsprechend angepasst (langsamer, ggf. ohne große Richtungsänderungen) durchgeführt werden.

Material:

- Wollfäden oder Springseile
- Tanzmusik

Mit Schirm und Koffer

Zu Beginn werden zwei gleich große Gruppen gebildet, die gegeneinander spielen. Von ihrem Startpunkt aus wird in etwa zehn Metern Entfernung jeweils ein „Umziehpunkt" markiert (Hütchen). Dahinter, ebenfalls im Abstand von zehn Metern, wird jeweils ein „Wendepunkt" markiert. An den „Umziehpunkten" liegt jeweils ein Koffer, in dem sich Kleidungsstücke, ein Hut oder eine Mütze, eine Brille und ein Schirm befinden.

Auf ein Startzeichen laufen jeweils die ersten Spieler beider Mannschaften zum „Umziehpunkt". Sie öffnen den Koffer und ziehen alles an, was sich darin befindet, öffnen den Schirm und schließen den Koffer. Dann laufen sie um den „Wendepunkt" zurück zum Koffer. Dort schließen sie den Schirm, packen alle Kleidungsstücke zurück in den Koffer und schließen diesen. Anschließend laufen sie zum Ausgangspunkt zurück und schlagen das nächste Kind der eigenen Mannschaft ab, das nun die gleichen Aufgaben möglichst schnell erfüllen soll. Das Team, dessen Mitspieler als Erste fertig sind, hat gewonnen.

Gruppengröße: ab sechs Kindern

Variationen:

- je nach Alter und Fähigkeiten ohne Schirm bzw. die Anzahl der Kleidungsstücke reduzieren
- als Partnerspiel: jeweils zwei Kinder sind unterwegs, die sich gegenseitig helfen und/oder die Kleidungsstücke untereinander verteilen

Methodische Hinweise – Inklusive Aspekte: Bei Kindern mit motorischen oder körperlichen Einschränkungen kann das Spiel partnerweise gespielt werden, so dass sich die Partner gegenseitig beim Anziehen helfen und unterstützen können. Die Auswahl der Kleidungsstücke sollte an vorhandene Einschränkungen angepasst werden (z. B. Klettverschluss statt Knöpfe).

Bei Kindern mit Hörschädigung sollte man ein optisches „Startsignal" (z. B. Tuch fallen lassen) einsetzen. Das Spiel kann von der gesamten Gruppe jederzeit auch ohne Wettkampf durchgeführt werden.

Material:

- zwei Koffer
- zwei Schirme, Brillen, Mützen usw.
- mehrere gleiche Kleidungsstücke für jeden Koffer

Froschteich

Mit Gymnastikmatten oder einer Weichbodenmatte wird ein „Teich“ aufgebaut. Der übrige Raum stellt die „Wiese“ dar. Je nach Gruppengröße spielen einige Kinder „Störche“. Die Mehrzahl der Kinder wird zu „Fröschen“. Die „Störche“ strecken die Arme nach vorn und bilden so einen langen „Storchenschnabel“. Sie müssen die Frösche fangen, indem sie diese berühren. Die „Frösche“ hüpfen über die „Wiese“ und erhalten die Aufgabe, sich vor den „Störchen“ in Sicherheit zu bringen. Gefangene „Frösche“ legen sich auf den Rücken und „quaken“ um Hilfe. Andere „Frösche“ eilen hinzu und tragen den quakenden „Frosch“ in den „Teich“. Dabei müssen sie aufpassen, nicht selbst gefangen zu werden. Sobald ein neuer „Frosch“ zum „Teich“ gebracht wird, darf ein anderer gefangener „Frosch“ (z. B. der, der am längsten im „Teich“ ist), diesen wieder verlassen und auf der „Wiese“ weiter hüpfen.

Gruppengröße: ab zehn Kindern

Variationen:

- die gefangenen „Frösche“ bleiben so lange im „Teich“, bis alle Kinder gefangen sind
- ggf. können mehrere „Teiche“ zur „Froschrettung“ aufgebaut werden
- gerettete „Frösche“ können auf Matten, die von mehreren Kindern gehalten werden, zum „Teich“ transportiert werden
- der „Teich“ kann mit anderen Materialien (z. B. Kreppband, Markierungshütchen) abgegrenzt werden

Methodische Hinweise – Inklusive Aspekte: Damit das Spiel interessant bleibt, muss das Verhältnis „Störche – Frösche" stimmen und die „Wiese" groß genug sein. Kinder im Rollstuhl können ggf. den Abtransport „gefangener" Frösche mit ihrem Rollstuhl übernehmen oder von anderen Kindern geschoben werden. Das Spiel erfordert kaum sprachliche Fähigkeiten, so dass es auch von Kindern mit entsprechenden Einschränkungen gespielt werden kann.

Material:

- 4–6 Gymnastikmatten und/oder eine Weichbodenmatte
- ggf. Matten oder Decken zum Abtransport

Luftballontanz

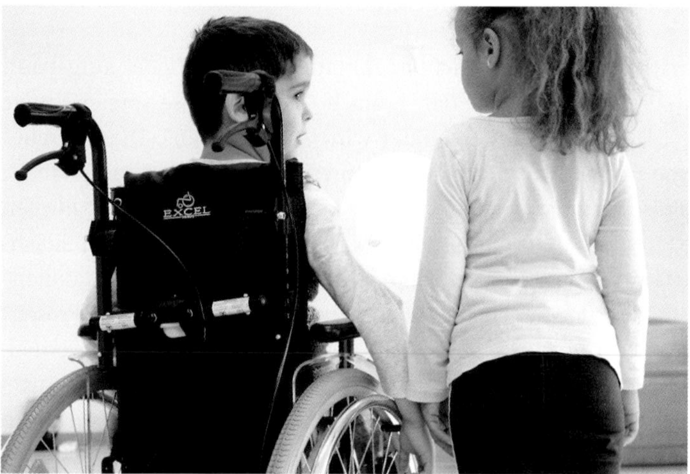

Zwei Kinder klemmen sich einen Ball oder Luftballon zwischen ihre Körper (Bauch, Stirn, Rücken usw.) und bewegen sich gemeinsam selbstständig mit oder ohne Musik durch den Raum. Sie können sich bspw. drehen, auf und ab bewegen oder vor- und zurücklaufen. Der Ball bzw. Luftballon darf dabei nicht herunterfallen und nicht mit den Händen festgehalten oder berührt werden.

Gruppengröße: ab zwei Kindern

Variationen:

- ein Zeitungsblatt statt einem Luftballon zwischen die Körperteile klemmen oder mit Wäscheklammern an der Kleidung befestigen
- statt „Zwillinge“ bewegen sich „Drillinge“, „Vierlinge“ oder die ganze Gruppe durch den Raum

Methodische Hinweise – Inklusive Aspekte: Um körperlich eingeschränkten Kindern die Teilnahme zu ermöglichen, empfiehlt sich die Version mit der Wäscheklammer. Die Bewegungsformen sollten in diesem Fall zunächst eher einfach sein. Kinder im Rollstuhl können den Luftballon ggf. jeweils zwischen eine Hand klemmen und sich dabei fortbewegen. Bei Kindern mit einer Seheinschränkung kann ein Kind die Führungsrolle übernehmen und evtl. zusätzlich durch Halten an den Händen Richtung und Tempo vorgeben.

Material:

- Bälle
- Luftballons
- ggf. Zeitungen
- ggf. CD-Player

Maschine

Je nach Gruppengröße gibt es ein Kind oder zwei Kinder als „Konstrukteure", die die Aufgabe haben, eine große „Maschine" aus den anderen Kindern zu bauen. Diese soll durch die Positionierung der Kinder und die Vorgabe von Bewegungsabläufen in der Lage sein, bestimmte ineinandergreifende Aktionen auszuführen. So kann es sich z. B. um eine „Tücher-Weitergebemaschine" handeln. Dabei stehen, knien, liegen, sitzen usw. die Kinder im Kreis oder in einer Reihe, dann werden nach und nach Chiffon-Tücher in die „Maschine" gegeben, die von Kind zu Kind in unterschiedlicher Art und Weise weitergegeben und/oder zugeworfen werden (z. B. mit Körperdrehung, mit geschlossenen Augen, das Tuch dem nächsten Kind auf die Schulter oder den Kopf legen). Dabei macht die „Maschine" auch unterschiedliche Geräusche. Tritt ein „Defekt" an der „Maschine" auf, muss dieser natürlich von den „Konstrukteuren" repariert werden: „Maschine anhalten!" (alle Kinder frieren in ihrer Bewegung ein), neu positionieren bzw. neu ausrichten an einer Stelle, „Maschine an!".

Gruppengröße: ab sechs Kindern

Variationen:

- konkrete Gegenstände/Maschinen als Themen vorgeben: z. B. „Lokomotive", „Windmühle", „Waschmaschine", „Rennauto"
- statt Tücher andere Materialien/Gegenstände einsetzen, auch in Kombination (Bälle, Bierdeckel, Luftballon)
- bei warmem Wetter im Außengelände „Wasser-Maschine": mit Wasser gefüllte Becher, mit der Hand geschöpftes Wasser und/oder vollgesogene Schwämme weitergeben und am Ende in ein Behältnis kippen
- Bildhauer: Der Bildhauer erstellt nach und nach eine Skulptur, die Kinder sind dabei sein „Werkstoff"

Methodische Hinweise – Inklusive Aspekte: An diesem Spiel kann jedes Kind teilnehmen, als Teil einer „Maschine" ebenso wie als „Konstrukteur". Es besteht keine Abhängigkeit des Spielergebnisses von motorischen bzw. koordinativen Kompetenzen. Auch Einschränkungen der Seh- und Hörfähigkeit spielen eine geringe Rolle.

Material:

- Chiffontücher
- ggf. Bierdeckel
- ggf. Bälle
- ggf. Luftballons

Glibber aus dem All

Die Kinder und der Spielleiter stehen und/oder sitzen im Kreis. Der Spielleiter beginnt, indem er sich eine nicht sichtbare „widerliche, schleimige Glibbermasse", die sich plötzlich aus dem Weltall auf sein Gesicht gelegt hat, pantomimisch mit einem schlürfenden und schmatzenden Geräusch mit einer Hand aus dem Gesicht wischt und dann einem Kind mit ausgestrecktem Arm schnell in dessen Gesicht „wirft". Dort trifft die „Glibbermasse", ebenfalls mit einem zischenden Geräusch, das das betreffende Kind erzeugt, auf. Damit den beiden Kindern links und rechts neben diesem nichts geschieht, schützen diese ihr Gesicht seitlich mit einer Hand. Das getroffene Kind nimmt nun seinerseits die „Glibbermasse" vom Gesicht und wirft diese ebenfalls pantomimisch rasch einem anderen Kind zu. Dadurch sind dieses Kind und seine beiden Nachbarn wieder frei und das Spiel geht beim nun getroffenen Kind in der gleichen Weise weiter.

Gruppengröße: ab fünf Kindern

Variationen:

- zwei „Glibbermassen" ins Spiel bringen
- die „Glibbermasse" auf andere Körperteile werfen (z.B. Beine, Bauch usw.) oder einem anderen Spieler auf den Rücken „kleben", so dass die daneben stehenden Kinder helfen können, diese dort wieder zu entfernen
- statt die „Glibbermasse" zu werfen, kann sie pantomimisch zu einem anderen Kind getragen, gerollt oder nach mehrmaligem Prellen mit einem imaginären Tennisschläger weiter gespielt werden

Methodische Hinweise – Inklusive Aspekte: Dieses Spiel ist nahezu ohne Einschränkungen für alle Kinder möglich. Bei einem Kind mit einer Sehbeeinträchtigung kann eines der daneben stehenden Kinder das Auftreffen der „Glibbermasse" durch einen verbalen Hinweis oder durch vorsichtiges Berühren der Trefferstelle diesem signalisieren, dass es an der Reihe ist. Erfahrungsgemäß bringen die Kinder schon während des Spiels von sich aus Variationen ein.

Material: Es wird kein Material benötigt.

Schangeln

Beim Spiel „Schangeln" (auch „Schnibbeln" oder „Schibbeln" genannt) handelt es sich um ein altes Geschicklichkeitsspiel, das i.d.R. mit Münzen gespielt wird. Ziel ist es, aus einer bestimmten Entfernung eine Münze durch einen Wurf näher an die Wand zu werfen als der oder die Mitspieler. Der Spieler mit dem besten Wurf bekommt die Münzen der anderen und das Spiel beginnt von neuem.

Jedes Kind hat vier oder fünf runde Bierdeckel und sucht sich mindestens einen Mitspieler oder eine Mitspielerin aus. Dann werfen sie nacheinander den Bierdeckel in Richtung Wand bzw. Ziel (z.B. ein auf die Seite gestellter Tisch, eine umgekippte Turnbank). Gewertet und weiter gespielt wird in der oben beschriebenen Weise.

Gruppengröße: ab zwei Kindern

Variationen:

- verschiedene Abwurfpositionen (im Sitzen, Liegen, Knien usw.) und Abwurftechniken (z.B. rückwärts über die Schulter, mit der anderen Hand, mit geschlossenen Augen)
- als Mannschaftkampf (z.B. „zwei gegen zwei“: Der beste Wurf zählt vier, der zweitbeste drei Punkte usw., das Team mit der höchsten Punktzahl bekommt alle Bierdeckel)

Methodische Hinweise – Inklusive Aspekte: Das Spiel kann in heterogenen Gruppen paarweise, aber auch zwischen großen Gruppen gespielt werden. Unterschiede fallen nicht ins Gewicht, da „Sieg“ oder „Niederlage“ zufällig sind und sich so viele Spiele wie gewollt aneinanderreihen können. Kinder mit körperlichen bzw. motorischen Einschränkungen oder Kinder mit Sehbehinderungen können – je nach Ausprägung des Förderbedarfs – durch nur kleine Abwandlung der Regeln teilnehmen. Es eignet sich auch deshalb als „inklusives Spiel“ so gut, da es durch die Kinder selbst organisiert (und vielfältig variiert) werden kann.

Material: viele runde Bierdeckel

Zollstock-Tipis

Die Kinder bauen gemeinsam mit der Fachkraft verschiedene Zollstocktipis auf dem Boden auf. Dazu biegen sie die Zollstöcke in der Mitte (zwei gleich lange Seiten) und stapeln diese dann zu einem „Tipi“ übereinander. Die „Tipis“ können in der Folge in das Spiel der Kinder eingebunden werden. Nach einer freien Explorationsphase können sich die Kinder durch den Raum bewegen und auf ein Signal hin (bspw. Musikstop) durch ein „Tipi" kriechen. Sie können diese auch mit Tüchern schmücken, mit einem Schwungtuch abdecken oder mit einem Rollbrett hindurch fahren.

Gruppengröße: ab einem Kind

Variationen:

- „Tipis" können als „Weltkugel" aus sechs ineinander gestellte Reifen gebaut werden
- zum Ende des Spiels die „Tipis" durch einen „Sturm" (z.B. mit (Medizin-)Bällen) umrollen bzw. umwerfen

Methodische Hinweise – Inklusive Aspekte: Bei Gruppen mit körperlich eingeschränkten Kindern muss darauf geachtet werden, dass die Zollstöcke möglichst feststehen und die Ein- und Ausgänge entsprechend groß sind. Hierzu können die Bauwerke auch an andere Geräte bzw. Wände angelehnt werden. Es kann sinnvoll sein, das Spiel in einen Bereich mit Teppich zu verlegen (garantiert einen festeren Stand) und nur zwei Zollstöcke pro „Tipi" zu verbauen.

Material:

- zahlreiche Zollstöcke
- ggf. Gymnastikreifen
- ggf. Rollbretter
- ggf. Tücher/Schwungtuch

Gefährliche Gasse

Aus einer größeren Anzahl von Kindern werden zwei Gruppen gebildet. Eine Gruppe stellt, kniet oder setzt sich in Gassenaufstellung paarweise einander gegenüber und hält jeweils zwei Seilchen zwischen sich gespannt in etwa 20 cm Höhe über dem Boden in den Händen. Die Kinder der anderen Gruppe gehen oder laufen nun nacheinander durch diese Gasse von einer Seite zur anderen und sollen dabei versuchen, die Seilchen nicht zu berühren, d.h. in die Zwischenräume zu treten. Für den Rückweg lautet nun die Aufgabe, nur von Seilchen zu Seilchen zu hüpfen und nicht die Zwischenräume zu betreten. Dann tauschen die Gruppen ihre Rollen.

Gruppengröße: ab acht Kindern

Variationen:

- Seilchen beim Durchlauf hin und her bewegen
- „Irrgarten“: Die Kinder einer Seite der Gasse tauschen ihre Seilchen mit den Nachbarn, so dass diese kreuz und quer sowie hoch und niedrig gehalten werden können; die durchlaufenden Kinder versuchen, kein Seilchen zu berühren
- „Wascheleine“: Seilchen uber Korpergröße der Kinder halten, dort Wäscheklammern anheften und/oder Chiffontücher auflegen, die beim Durchlaufen abgenommen bzw. im zweiten Durchgang wieder angebracht werden

Methodische Hinweise – Inklusive Aspekte: Das Spannen bzw. das Halten der Seilchen macht erfahrungsgemäß keine Probleme. Kinder mit einer Sehbeeinträchtigung können beim Durchqueren der Gasse durch einen Partner unterstützt werden. Kinder im Rollstuhl können die am Boden liegenden Seilchen überfahren und ggf. besondere Aufgaben erfüllen (z.B. bei bestimmten Farben bestimmte Geräusche produzieren).

Material:

- Seilchen
- Wäscheklammern, Tücher

3.8 Genuss und Erleben

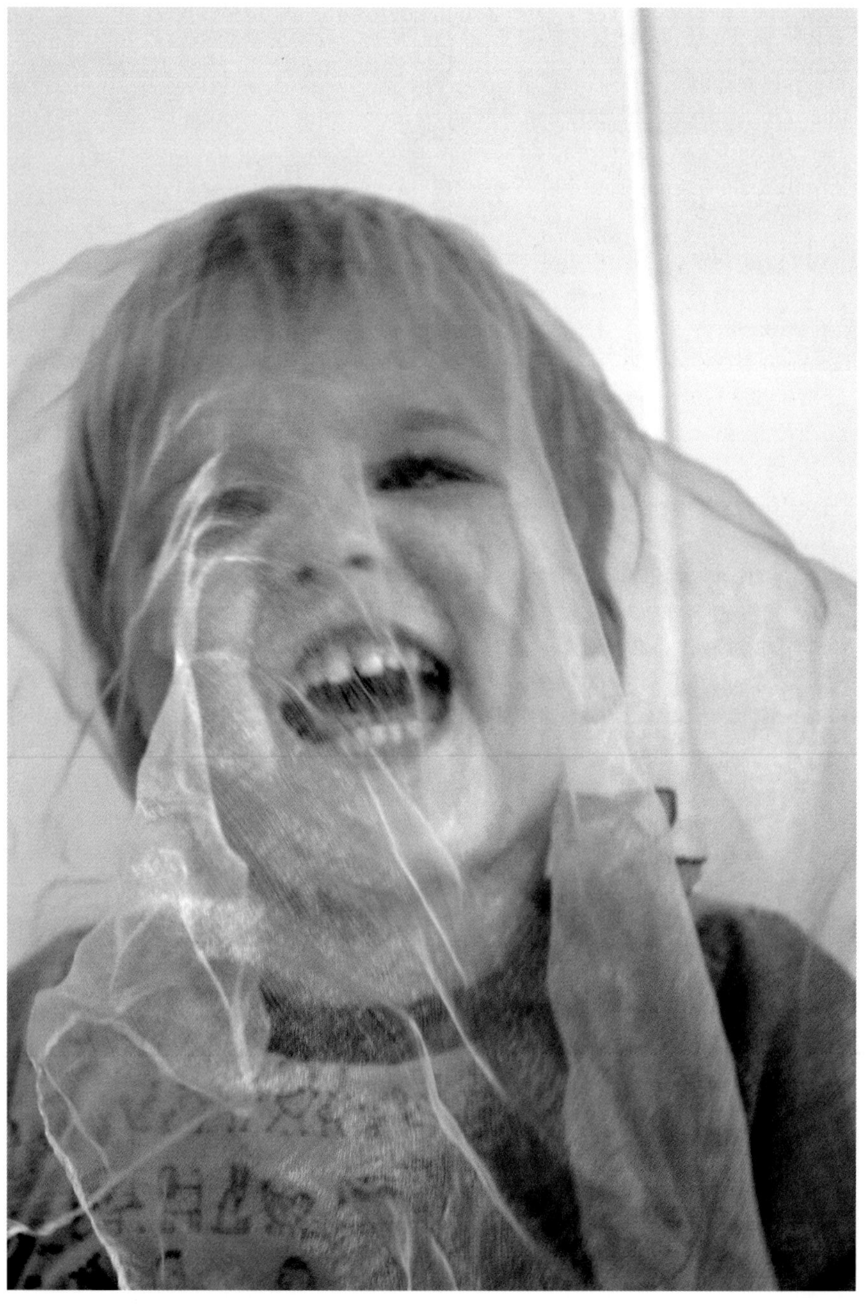

Sandwich

Die Kinder bilden etwa zwei gleich große Gruppen. Die erste Gruppe ist der „Sandwichbelag". Sie legt sich bäuchlings auf eine Weichbodenmatte, die Füße sind ausgestreckt, Arme und Kopf schauen über den Rand. Die zweite Gruppe darf das „Sandwich" belegen. Zu dem Zweck legen sie eine zweite Weichbodenmatte als „Sandwichdeckel" auf den „Belag". Anschließend legen sie sich selbst nach und nach auf den „Deckel". Wenn ein in der Mitte liegendes Kind „Stopp!" ruft, mussen alle oberen Kinder sofort herunterklettern.

Gruppengröße: ab acht Kindern

Variationen:

- die „Sandwichbelagskinder" drehen sich zwischen den Matten auf den Rücken und werden (vorsichtig!) von den anderen Kindern herausgezogen
- die „Sandwichbelagskinder" können auf ein Signal hin versuchen, sich aus dem „Sandwich" zu befreien
- Kinder können über den „Sandwichdeckel" kriechen, laufen und auch (vorsichtig) hüpfen

Methodische Hinweise – Inklusive Aspekte: Beim „Belegen" des Sandwiches muss darauf geachtet werden, dass alle Kinder mit dem Kopf über der Mattenkante liegen. Die Weichbodenmatte selbst sollte eher fest als weich sein. Sollten sich Kinder unwohl fühlen, ist das Spiel sofort zu unterbrechen. Das Spiel eignet sich insbesondere für Kinder, die eher bewegungsintensiv sind und leichter zur Ruhe kommen, wenn sie sich selbst über ihren Körper spüren.

Material: zwei Weichbodenmatten

Laut und leise – rauf und runter

Die Kinder liegen mit geschlossenen Augen auf dem Boden. Der Spielleiter (oder ein Kind) bedient den CD-Player und steuert die Musik. Zuerst ertönt leise Musik, die dann nach und nach lauter wird. Wie „ferngesteuert" richten sich die Kinder entsprechend der Lautstärke (und evtl. der Geschwindigkeit) der Musik auf und laufen durch den Raum. Wird die Musik langsam leiser, verlangsamen sich auch die Bewegungen der Kinder. Wenn die Musik verstummt, legen sich alle Kinder wieder auf den Boden und schließen die Augen.

Gruppengröße: ab einem Kind

Variation: Lautstärke und Rhythmus von einzelnen Kindern oder der Spielleitung durch ein Instrument (Handtrommel) vorgeben

Methodische Hinweise – Inklusive Aspekte: Als Unterstützung kann es sinnvoll sein, dass sich die teilnehmenden Kinder einen Ort im Raum schaffen, zu dem sie bei Musikstop zurückkehren können. Zu diesem Zweck können z. B. Reifen oder Teppichfliesen als Markierung im Raum ausgelegt werden. Für Kinder im Rollstuhl kann die Markierung aus einem aufgeklebten Kreppstreifen bestehen. Sie können sich ebenfalls je nach Musikauswahl schneller oder langsamer bewegen und anhalten. Da für das Spiel kaum sprachliche Kenntnisse notwendig sind, kann es auch von Kindern mit eingeschränkten sprachlichen Fähigkeiten gespielt werden. Kinder mit Höreinschränkungen können die Bewegungen der anderen Kinder nachahmen.

Material:

- CD-Player
- ggf. Musik-/Rhythmusinstrument (z. B. Handtrommel)
- ggf. Teppichfliesen/Kreppband

Wetterkarte

Die Kinder finden sich zu zweit zusammen. Ein Kind liegt auf dem Bauch, das andere Kind hört der folgenden Geschichte zu und zeichnet die benannten „Wetterkapriolen" auf dem Rücken des liegenden Kindes nach:

„Herzlich willkommen beim Wetterbericht für Samstag den zehnten Mai 2018. In ganz Deutschland ist das Wetter morgen früh unbeständig. Im Norden wird es regnen. Zunächst fallen kleine Tropfen vom Himmel, die dann immer größer werden. In der Mitte Deutschlands ist der Regen heftiger. Im Tagesverlauf setzt sich dann zunächst die Sonne durch. Es wird immer wärmer. Am Abend kommt ein leichter Wind auf, der in der Nacht immer stärker wird und zu einem richtigen Sturm mit Hagel und Gewitter werden kann. Frühmorgens beruhigt sich das Wetter dann wieder und die Sonne setzt sich durch".

Gruppengröße: ab zwei Kindern

Variationen:

- partnerweise im Sitzen
- Kinder sitzen im Kreis oder auf einer Langbank hintereinander und „massieren" die „Wetterkapriolen" auf den Rücken der vor ihnen sitzenden Person

- statt der „Wetterkarte“ wird eine „Pizza“ auf dem Rücken des Partners „belegt“

Methodische Hinweise – Inklusive Aspekte: Haben Kinder Schwierigkeiten, die verbalen Anweisungen zu verstehen und umzusetzen, werden Bildkarten mit Wettersymbolen (oder Pizzazutaten) eingesetzt. Nehmen Kinder im Rollstuhl teil, so sollte die Aufgabe im Sitzen durchgeführt werden. Dadurch ist es auch ihnen möglich, anderen Kindern, die vor ihnen (oder ggf. auf ihrem Schoß) sitzen die „Wetterkapriolen“ auf den Rücken zu zeichnen.

Material:

- Sitzgelegenheiten
- Matten
- Teppichfliesen
- Bank
- ggf. Bildkarten

Schaukelboot

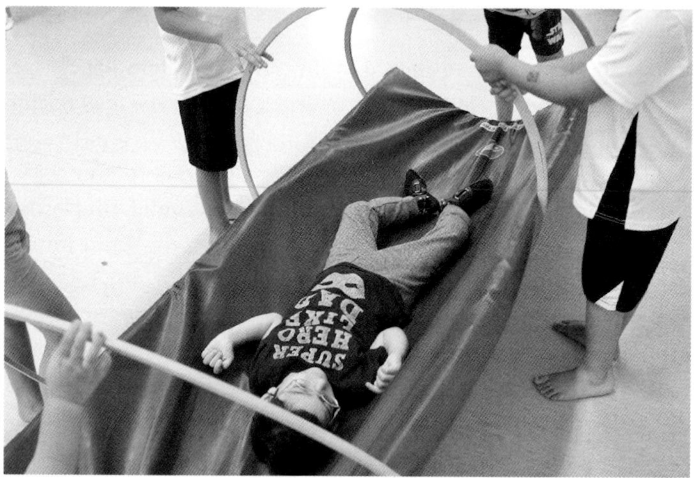

Eine Gymnastikmatte wird gebogen und in zwei oder drei Reifen (möglichst Holzreifen) gelegt. Dadurch entsteht eine Schaukel bzw. ein „Schaukelboot“, in dem zwei Kinder Platz haben. Sie setzen sich in das „Boot“, halten sich an einem Reifen fest und können es dann hin und her bewegen. Ebenso ist es möglich, dass sich ein Kind in Bauch- oder Rückenlage in das „Boot“ legt und von außen vorsichtig geschaukelt wird.

Gruppengröße: ab einem Kind

Variationen:

- mehrere „Schaukelboote“ miteinander verbinden, indem die Matte des zweiten „Bootes“ auch in das schon vorhandene eingelegt wird; so kann ein langer „Tunnel“ entstehen
- mit einem Schwungtuch oder Decke abdecken
- während des Schaukelns oder während die Kinder im „Boot“ liegen, eine Entspannungsgeschichte vorlesen und/oder ruhige Musik abspielen

Methodische Hinweise – Inklusive Aspekte: Das Spiel ist weitgehend für alle Kinder geeignet. Kinder mit größeren körperlichen Einschränkungen müssen u. U. in das „Schaukelboot“ getragen bzw. gelegt werden und je nach Förderbedarf vorsichtig(-er) bewegt werden.

Material:

- Gymnastikmatten
- Reifen
- ggf. Schwungtuch
- ggf. Entspannungsmusik

Menschenrüttelbank

Jeweils vier oder fünf Kinder knien sich auf eine Gymnastikmatte Schulter an Schulter in Bankstellung. Ein weiteres Kind legt sich mit Hilfe des Erwachsenen vorsichtig mit dem Rücken auf diese „Bank". Durch sanfte Bewegungen der unteren Spieler (vorwärts-rückwärts; hoch-runter) wird das obere Kind massiert bzw. sanft durchgerüttelt.

Gruppengröße: ab fünf Kindern

Variation: mit dem oben aufliegenden Kind langsam vorwärts und rückwärts krabbeln

Methodische Hinweise – Inklusive Aspekte: Kinder mit großen körperlichen Einschränkungen können mit Hilfe des Erwachsenen und anderen Kindern getragen und gemeinsam auf die kniende Gruppe abgelegt werden.

Material: Gymnastikmatten

Waschmaschine

Die Kinder stellen sich in zwei Reihen mit Blick zueinander in einer Gasse auf. Sie bilden so eine „Waschmaschine". Ein Kind geht langsam zwischen den beiden Reihen hindurch. Die „Waschmaschine" „wäscht" das Kind, indem es durch die anderen Kinder sanft auf den Körper beklopft oder am Körper gestreichelt wird. Im Vorfeld kann das Kind den „Waschgang" („sanft", „mittel" oder „stark") bestimmen.

Gruppengröße: ab zehn Kindern

Variationen:

- Zusatzmaterial, z.B. weiche Schwämme, Bürsten, Tücher
- „Autowaschanlage“: Mit einem Rollbrett (im Liegen oder Knien) die Gasse durchfahren (die Kinder außen knien)
- als Abschlussspiel: Das Ende der Gasse ist der Ausgang aus dem Raum und die „gewaschenen Kinder/Autos“ verabschieden sich

Methodische Hinweise – Inklusive Aspekte: Das Spiel eignet sich gut für Kinder mit körperlichen Beeinträchtigungen. Im Rollstuhl sitzend kann man als „Auto“ durch die „Waschstraße“ fahren. Auch ein auf dem Rollbrett gestellter umgedrehter Kasten kann als Transportmittel dienen. Als stationsgebundenes Spiel im „Waschmaschinenmodus“ sitzt oder liegt ein Kind an einem Ort und wird von den anderen mit oder ohne Zusatzmaterial „gewaschen“.

Material:

- ggf. Rollbretter
- ggf. Tücher, Bürsten, Pinsel, Schwämme
- ggf. Kasten

Wellengang

Drei bis vier Kinder setzen sich mit gegrätschten Beinen dicht hintereinander auf eine Turnmatte. Sie fassen alle den Rand der Matte an – dadurch entsteht ein „Schiff" – und bringen sie durch ihre Bewegungen zum Schaukeln. Das erste Kind der Reihe gibt Kommandos wie z. B. „Hoher Wellengang!", „Niedriger Wellengang!", „Schneller!", „Langsamer!" usw. Nach einiger Zeit setzt sich das erste Kind nach hinten und das nächste Kind darf die Kommandos geben.

Gruppengröße: ab drei Kindern

Variationen:

- Musik oder Steuerung bzw. Variation des „Wellengangs" als Ergänzung
- auf dem „Schiff" können unterschiedliche Rollen eingenommen werden. Der „Kapitän" gibt das Kommando, der „Matrose" setzt den „Anker" z.B. durch das Signal „Stopp!"
- das „Schiff" durch andere Kinder von außen bewegen

Methodische Hinweise – Inklusive Aspekte: Das Spiel kann von allen Kindern gespielt werden, die sitzen können. Kinder, die nicht in der Lage sind, selbstständig zu sitzen, können über die Version mit der „Mattenschaukel" in das Spiel eingebunden werden. Hier ist es möglich, ein Kind in das „Schiff" zu legen und dieses dann von außen zu schaukeln. Ggf. kann für entsprechende Kinder auch ein größeres „Schiff" mit einer Weichbodenmatte, die auf Rollbrettern liegt, gebaut werden.

Material:

- Gymnastikmatten
- ggf. CD Player und Musik
- ggf. Gymnastik- bzw. Holzreifen

Steinentspannung

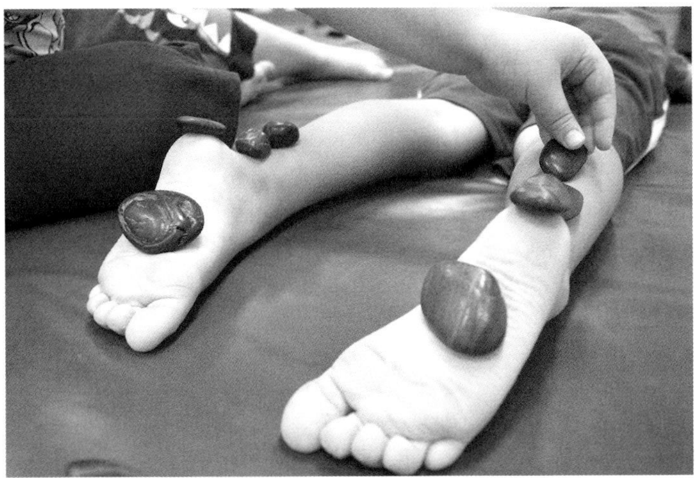

Auf einer Gymnastikmatte oder einer weichen Decke liegt ein Kind in Bauchlage, ein anderes Kind kniet daneben. Dieses hat eine bestimmte Anzahl runder Kieselsteine zur Verfügung, die es nun einen nach dem anderen zur Entspannungsmusik vorsichtig auf den Rücken seines liegenden Partners legt. Es darf u.U. auch der ganze Körper mit Steinen bedeckt werden. Sind alle Steine platziert, dürfen diese mit wenig Druck hin und her bewegt werden. Nach ca. zwei Minuten wird die Musik leiser. Wenn sie ganz verklungen ist, sollen die Steine nacheinander wieder vom Körper des liegenden Kindes entfernt werden. Auf ein Zeichen hin wird es durch den Partner durch leichtes Klopfen mit den Händen auf den Rücken aufgeweckt. Dann werden die Rollen getauscht.

Gruppengröße: ab zwei Kindern

Variationen:

- mehrere Kinder belegen ein Kind
- die Steine vorher im Ofen oder auf der Heizung erwärmen
- nach dem Spiel gemeinsam alle Steine zu einem Mandala in der Mitte des Raumes zusammenlegen
- mit den Kindern die Steine vorher im Außengelände suchen und sammeln

Methodische Hinweise – Inklusive Aspekte: Bei Kindern mit einer Hörbeeinträchtigung sollte ggf. ein optisches Signal oder ein vereinbartes Zeichen durch Körperkontakt (z.B. für den Wechsel) eingesetzt werden. Es empfiehlt sich, vor allem bei eher unruhigen Kindern, vorher ein bewegungsintensives Spiel durchzuführen. Von besonderer Bedeutung ist es, das Prinzip der Freiwilligkeit zu beachten.

Material:

- pro Paar ca. acht runde Kieselsteine
- ggf. Körbchen zum Ablegen
- CD-Player/Entspannungsmusik
- pro Kinderpaar eine Matte oder Decke

Schildkrötenspiel

Die Kinder krabbeln langsam und vorsichtig mit geschlossenen Augen über eine große Mattenfläche. Berührt ein Kind ein anderes, zieht sich diese „Schildkröte" so lange in ihren „Panzer" zurück (macht sich so klein wie möglich), bis sie wieder mit einem anderen Kind in Berührung kommt. Dann darf sich die „Schildkröte" wieder weiter bewegen.

Gruppengröße: ab sechs Kindern

Variation: die berührten „Schildkröten" bleiben regungslos liegen, bis sich keine mehr bewegt

Methodische Hinweise – Inklusive Aspekte: Kinder mit körperlichen bzw. motorischen Einschränkungen können – je nach Möglichkeit – über die Mattenfläche kriechen oder wälzen.

Material: Mattenfläche

Mumienruhe

Die Kinder gehen paarweise zusammen. Sie haben einige, möglichst doppelseitige, Zeitungsblätter griffbereit liegen. Ein Kind deckt das andere, das sich in Bauch- oder Rückenlage befindet, mit den Zeitungsblättern vollständig zu. Dieses wird dadurch zu einer „Mumie“. Sind die „Mumien“ fertig und liegen still, werden aus den anderen Kindern „Mumienforscher“. Sie gehen leise im Raum um die „Mumien“ herum. Nach einiger Zeit versuchen sie durch vorsichtige Berührungen und auch durch ein wenig Kitzeln, die „Mumien“ aufzuwecken. Diese sollen so lange wie möglich keine Reaktion zeigen. Halten die „Mumien“ es nicht mehr aus, still und regungslos liegen zu bleiben, setzen sie sich langsam auf und schauen dem weiteren Geschehen zu. Sind alle „Mumien“ aufgeweckt, so wechseln die Rollen. Das Spiel kann durch leise Entspannungsmusik oder „Gespenstermusik“ begleitet werden.

Gruppengröße: ab einem Kind

Variationen:

- sich ohne Hilfe mit Zeitungsblättern ganz zudecken
- aus vielen Zeitungsblättern wird mit Hilfe von Kreppband ein großes Zeitungsblatt geklebt, unter dem mehrere Mumien Platz finden
- Raum abdunkeln, die „Mumienforscher“ haben Taschenlampen zur Verfügung

Methodische Hinweise – Inklusive Aspekte: Ein Kind mit einer Sehbehinderung kann als „Mumienforscher“ durch ein anderes Kind unterstützt werden, indem sie sich an den Händen haltend durch den Raum bewegen. Kinder, die im Rollstuhl sitzen, können zu „Mumien“ werden, wenn sie mit einem von Kreppband erstellten großen Zeitungsblatt abgedeckt werden. Als „Mumienforscher“ haben sie ein fest zusammengerolltes Zeitungsblatt oder eine längere Papprolle zur Verfügung, mit dem sie die „Mumien“ aus dem Sitzen erreichen und wachkitzeln können.

Material:

- Zeitungen
- Papprolle
- ggf. CD-Player, Entspannungsmusik, „Gespenstermusik“

Mit ganz viel Schwung!

Die Kinder halten in der Kreisaufstellung ein großes Schwungtuch oder einen Fallschirm gespannt und erzeugen durch Rütteln und Schwingen Wellen. Einige Kinder dürfen sich auch unter das Tuch legen, während die anderen es über ihnen schwingen. Anschließend können Bälle in unterschiedlicher Größe sowie Luftballons gerollt und/oder hochgeschleudert werden, dabei können die unter dem Schwungtuch liegenden Kinder die Bälle mit Händen und Füßen hochschlagen.

Gruppengröße: ab acht Kindern

Variationen:

- wenn das Tuch hochgeschwungen wird, laufen nach Ansage bestimmte Kinder (z.B. nach Farbe des T-Shirts, barfuß-nicht barfuß, grüne Augen) auf die andere Seite
- „Katz und Maus“: Ein Kind („Maus“) krabbelt unter dem Tuch, ein weiteres („Katze“) auf dem Tuch, es soll versuchen, die „Maus“ zu fangen bzw. zu berühren, alle anderen schwingen dabei das Tuch
- einige Kinder krabbeln, gehen, wälzen sich über das Tuch und dürfen dabei die „Wellen“ niederhalten

Methodische Hinweise – Inklusive Aspekte: Die Variationsbreite der Schwungtuchspiele macht die aktive Einbindung aller Kinder je nach individuellen Möglichkeiten bzw. einzunehmender Rolle möglich. So kann z.B. ein Kind, das im Rollstuhl sitzt, die Kennzeichen bestimmen, nach denen die Kinder die Seite wechseln sollen.

Material:

- Schwungtuch/Fallschirm
- Bälle/Luftballons

Luftbett

Eine Gymnastikmatte wird auf gleich große Medizinbälle gelegt. Ein Kind darf sich in Rücken oder Bauchlage auf diese Matte legen und schließt die Augen. Die anderen Kinder knien um das liegende Kind herum und halten die Matte mit den Händen fest. Nun wird das liegende Kind durch leichte kreisende Bewegungen sanft hin und her bewegt.

Gruppengröße: ab fünf Kindern

Variationen:

- statt Medizinbällen können auch Luftballons oder Bälle in verschiedenen Größen verwendet werden
- ein Kind hockt sich auf die Matte und versucht, das Gleichgewicht zu halten

Methodische Hinweise – Inklusive Aspekte: Das Spiel bzw. diese Übung ist erfahrungsgemäß für alle Kinder geeignet. Ängstliche Kinder dürfen selbstverständlich die Augen offen lassen. Sinnvoll ist es, dieses Spiel nach einer bewegungsintensiven Sequenz durchzuführen.

Material:

- Medizinbälle, Gymnastikbälle, Luftballons
- Gymnastikmatte

3.9 Ankommen, Kennenlernen und Verabschieden

Namensrunde

Die Kinder stehen und oder sitzen im Kreis. Nach Vorgabe der pädagogischen Fachkraft kommen sie durch Stampfen auf den Boden und/oder Klatschen in die Hände in einen Vierviertel-Takt. Der/die SpielleiterIn beginnt: Er/sie singt seinen/ihren Vornamen im Takt und experimentiert durch Veränderung der Tonhöhe und Lautstärke, durch Dehnen der Silben usw. Nach einem weiteren Vierviertel-Takt ahmt die Gruppe diese Präsentation in gleicher Weise nach. Nun ist das erste Kind neben der/dem SpielleiterIn an der Reihe.

Gruppengröße: ab fünf Kindern

Variationen:

- mit oder ohne Taktvorgabe werden nur Gesten und Mimik von den einzelnen Kindern vorgegeben, die dann nachgeahmt werden sollen
- statt Vornamen Begriffe/Fantasienamen oder „Guten Tag!" bzw. „Auf Wiedersehen!" usw. intonieren

Methodische Hinweise – Inklusive Aspekte: Erfahrungsgemäß ergeben sich bei der Durchführung dieses Spiels keine Schwierigkeiten. Auch die Teilnahme von Kindern mit einer Hörbehinderung gelingt gut, wenn Gestik und Mimik eine „deutliche Sprache" sprechen.

Material: Es wird kein Material benötigt.

Gefühlsduselei

Die Kinder stehen oder sitzen im Kreis und reichen sich die Hände. Nun können auf Vorschlag einzelner Kinder oder vom Erwachsenen die Begrüßungen bzw. die Verabschiedung – „Guten Tag!“ oder „Auf Wiedersehen“ – wiederholt und mit unterschiedlichen Emotionen stimmlich und gestisch begleitet und in Tonhöhe und Geschwindigkeit variiert werden.

Vorschläge:
„Wir fühlen uns müde und schlapp!“
„Wir haben Zahnschmerzen/Bauchschmerzen!“
„Wir sind richtig sauer!“
„Wir haben es sehr eilig!“
„Wir können vor Lachen kaum etwas sagen!“
„Wir sind traurig und müssen weinen und schluchzen!“
„Wir sind die ‚Lautesten‘/‚Leisesten‘!“

Gruppengröße: ab drei Kindern

Variationen:

- Emotionen nur pantomimisch darstellen
- ein Kind stellt ein Gefühl pantomimisch mit oder ohne Stimme dar, die anderen Kinder ahmen dies nach und sollen erraten, um welchen „Gefühlszustand“ es sich handelt
- Fantasiegefühle mit den Kinder erfinden (z. B. „Ich fühle mich ‚plumschig‘!“)

Methodische Hinweise – Inklusive Aspekte: Erfahrungsgemäß ergeben sich bei der Durchführung dieses Spiels keine Schwierigkeiten. Auch die Teilnahme von Kindern mit einer Hörbehinderung gelingt gut, wenn Gestik und Mimik eine „deutliche Sprache" sprechen.

Material: Es wird kein Material benötigt.

Reifendreherei

Die Kinder sitzen oder stehen im Kreis, jeweils zwei nebeneinander sitzende Kinder spielen zusammen. In der Mitte des Kreises wird ein Gymnastikreifen zum Drehen gebracht. Während des Drehens haben die Kinder die Aufgabe, bestimmte vorgegebene Informationen auszutauschen. In dem Moment, in dem der Reifen aufhört, sich zu drehen, darf kein Kind mehr reden. Nun erfragt der/die SpielleiterIn oder ein vorher bestimmtes Kind bei Kind A die Information, die es von Kind B erhalten hat.

Aufgabenbespiele:
Was hast du heute zum Frühstück gegessen?
Welche Spiele möchtest du heute noch spielen?
Welche sind deine drei Lieblingsgerichte/Farben/Bücher?
Was machst du heute Nachmittag noch?

Gruppengröße: ab fünf Kindern

Variationen:

- „Zauberreifen“: bis der Reifen aufhört, sich zu drehen, bleiben die Kinder in ihrer Bewegung eingefroren
- Brummkreisel: während der Reifen sich dreht, produzieren die Kinder Geräusche oder singen ein Lied, das mit dem sich langsamer drehenden Reifen immer leiser wird

Methodische Hinweise – Inklusive Aspekte: Bei Kindern mit einer Hörbehinderung können die Informationen gestisch/mimisch ausgetauscht werden. Kinder mit einer Sehbehinderung können durch akustische Signale unterstützt werden (z. B. „in die Hände klatschen“, wenn der Reifen aufgehört hat, sich zu drehen)

Material: Gymnastikreifen

Bewegungen geben

Das Spiel orientiert sich an dem bekannten Spiel „Kofferpacken“. Ziel ist es in diesem Fall, „Bewegungen“ weiterzugeben. Die Kinder stehen im Kreis. Das erste Kind beginnt und sagt: „Ich heiße xy und habe ein xy (Schulterzucken, Hüpfen, Nicken etc.) mitgebracht.“ Passend zum Satz wird die entsprechende Bewegung durchgeführt. Im Anschluss ist das nächste Kind an der Reihe. Es spricht den Text des vorherigen Kindes nach: „Das ist xy und er/sie hat ein xy (Bewegung benennen und ausführen) mitgebracht.“ Im Folgenden ergänzt das Kind den eigenen Namen und die entsprechende Bewegung, indem es sagt: „Ich bin xy und habe ein xy (eigene Bewegung) mitgebracht." Das Spiel wird reihum weitergeführt, bis der/die letzte MitspielerIn alle Namen und Bewegungen genannt hat.

Gruppengröße: ab sechs Kindern

Variationen:

- die Bewegungen werden nur ausgeführt, nicht benannt
- der Name wird mit einer Bewegung verknüpft, die mit dem Anfangsbuchstaben des Vornamens beginnt. Bsp.: „Ich bin die nickende Nina". Die Bewegung wird entsprechend ausgeführt. Das folgende Kind sagt dann „Das ist die nickende Nina, die hüpfende Helga usw. und ich bin der fallende Fritz."

Methodische Hinweise – Inklusive Aspekte: Bei diesem Spiel ist darauf zu achten, dass die Aufgabenstellung den kognitiven und motorischen Voraussetzungen der Gruppe entspricht. Die Kombination von Name und Bewegung ist generell für alle Kinder geeignet, solange sie sich die Bewegung selbst aussuchen können. Bei jüngeren Kindern sollte die Aufgabe dahingehend variiert werden, dass sie nur ihren eigenen Namen und ihre eigene Bewegung selbst benennen. Die vorherigen Namen/Bewegungen können dann weggelassen oder im Kanon von der gesamten Gruppe wiederholt werden.

Material: Es wird kein Material benötigt.

Inselspiel

Auf dem Spielfeld werden einige Reifen oder Teppichfliesen ausgelegt, die als „Inseln“ fungieren, und ihnen werden Namen wie bspw. Mallorca, Teneriffa und Ibiza zugewiesen. Die Namen werden den teilnehmenden Kindern genannt und zusätzlich auf Pappe geschrieben neben den jeweiligen Reifen gelegt.

Die Kinder laufen nun durch die Halle. Ein Kind oder die pädagogische Fachkraft ruft in der Folge den Namen einer Insel, auf der sich alle Kinder treffen. Damit nicht alle Kinder zur selben Insel laufen, können Aufgaben eingebaut werden. So wäre es bspw. möglich, alle Kinder mit „schwarzen Haaren“ auf eine bestimmte Insel zu schicken. Alle anderen Kinder laufen dann weiter, bis auch sie durch eine Aufgabe zu einer Insel gelotst werden.

Gruppengröße: ab vier Kindern

Variationen:

- alle Kinder sollen in einen in Reifen/auf eine Teppichfliese passen
- Kinder können sich eigene Aufgaben überlegen
- Kinder bewegen sich als „Schiffe“ durch den Raum und können nur auf vorgegebenen „Routen“ (Linien) fahren
- das Spiel wird als Musikstopp-Spiel durchgeführt

Methodische Hinweise – Inklusive Aspekte: Das Spiel ist für rollstuhlfahrende Kinder gut geeignet. Sie können selbstständig oder geschoben durch ein anderes Kind die Inseln anfahren. Kinder mit einer Sehbehinderung werden in diesem Fall als „BeifahrerIn“ integriert. Nehmen RollstuhlfahrerInnen teil, müssen die Inseln gut zugänglich sein. In diesem Fall eignen sich dünne Matten oder Teppichfliesen besser als Reifen. Für Kinder mit sprachlicher Einschränkung können Visualisierungen die Inselsuche unterstützen. So liegen bspw. Karten mit einer Farbe an der Insel aus, die dann mit einer Karte angezeigt werden.

Material:

- Reifen oder Teppichfliesen
- ggf. CD-Player

Ho! Ha!

Die Kinder bewegen sich nach Musik durch den Raum. Bei Musikstopp suchen sie bzw. drehen sie sich zum nächsten erreichbaren Mitspieler und stampfen breitbeinig auf, winkeln dabei die Arme ab und ballen die Hände zur Faust. Im gleichen Moment rufen sie so laut wie möglich „Ho!" oder „Ha!". Wer von beiden ein wenig langsamer ist, muss schnell durch die gegrätschten Beine des Partners krabbeln, einmal um seinen Partner herum laufen oder im Rollstuhl sitzend herumfahren. Dann setzt die Musik schnell wieder ein und ein neuer Durchgang beginnt.

Gruppengröße: ab fünf Kindern

Variationen:

- bei Musikstopp den eigenen Vornamen oder den des angetroffenen Mitspielers ausrufen
- bei Musikstopp Gesten der Begrüßung oder Verabschiedung ausführen (Hände reichen, auf die Schulter/Rücken klopfen, kurze Umarmung, Verbeugen usw.)

Methodische Hinweise – Inklusive Aspekte: Nehmen Kinder mit einer Sehbeeinträchtigung teil, spielen immer zwei Kinder als Partner zusammen. Bei der Beteiligung von Kindern mit Hörbeeinträchtigung wird im Moment des Musikstopps ein optisches Signal gegeben (z. B. Hochhalten eines Tuchs).

Material:

- CD-Player/Laufmusik
- ggf. Tuch als Signal

Sortiert Euch!

Den mitspielenden Kindern wird mitgeteilt, dass sie versuchen sollen, sich bei den folgenden Aufgaben in der richtigen Reihenfolge oder Sortierung (von rechts nach links) aufzustellen. In der ersten Runde erfolgt die Aufstellung nach Alter (das älteste Kind links, das jüngste Kind rechts und alle anderen in der richtigen Reihenfolge dazwischen), in der zweiten Runde z. B. nach Größe, in der dritten Runde nach Haarfarbe. In weiteren Runden können sich die Teilnehmenden nach Augenfarbe, Schuhgröße oder alphabetisch nach Vor- oder Nachnamen aufstellen u. v. m.

Gruppengröße: ab acht Kindern

Variationen:

- die Kinder überlegen sich selbst Merkmale, nach denen sie sich aufstellen wollen
- das Sortieren erfolgt auf einer Bank oder mehreren aneinander gestellten Bänken, die während des Sortiervorgangs nicht verlassen werden sollen
- das Sortieren erfolgt schweigend
- Die Gruppe wird in zwei Gruppen aufgeteilt, die gegeneinander spielen. Beide Gruppen müssen sich je ein Merkmal überlegen, nach welchem sie sich

sortieren. Sie stellen sich entsprechend auf. Die andere Gruppe muss das Merkmal erraten.

Methodische Hinweise – Inklusive Aspekte: Bei sehr großen Gruppen ist es sinnvoll, Untergruppen zu bilden, damit die Aufgaben erfolgreich bewältigt werden können. Abhängig von den Fähigkeiten und Fertigkeiten der Kinder sind die Aufgabenstellungen so zu wählen, dass alle teilnehmen können.

Material: ggf. eine oder mehrere Bänke

Schuhsalat

In der Mitte des Spielfeldes ist ein Bereich abgegrenzt, in den jedes Kind seinen rechten Schuh legt. In der Turnhalle könnte dies der Mittelkreis sein. Auf ein Signal hin sucht sich jedes Kind aus dem Haufen einen Schuh heraus – es darf nicht der eigene Schuh sein. Die Aufgabe besteht nun darin, das Kind zu finden, dem der Schuh gehört und ihm diesen anzuziehen.

Gruppengröße: ab zwölf Kindern

Variationen:

- das Spiel wird ohne Schuhanziehen gespielt. In diesem Fall muss nur der richtige Schuh zum Kind sortiert werden
- es stehen wahlweise linke und rechte Schuhe in der Mitte
- beide Schuhe stehen in der Mitte und müssen zusortiert werden

Methodische Hinweise – Inklusive Aspekte: Das Spiel eignet sich nur dann für Kinder mit körperlichen Einschränkungen, wenn sie sich alleine, ggf. auf dem Boden robbend, fortbewegen können. In diesem Fall muss die Bewegungsart für alle anderen Kinder entsprechend angepasst werden. Da es sich um ein körperbetontes Spiel handelt, ist es für Kinder, die sich ausagieren möchten, geeignet. Es sollte dann jedoch darauf geachtet werden, dass das Spiel nicht in unfaire Kämpfe abgleitet.

Material: Schuhe

Zipp Zapp Zonk

Im Raum steht ein Stuhlkreis, wobei ein Stuhl weniger als MitspielerInnen vorhanden ist. Die Kinder setzen sich auf die Stühle. Ein Kind stellt sich in die Mitte des Kreises und hat die Aufgabe, auf ein anderes Kind zu zeigen und dabei entweder „Zipp" oder „Zapp" zu sagen. Bei „Zipp" muss das Kind, auf welches gezeigt wird, den Namen des/der linken NachbarIn benennen, bei „Zapp" muss der Name des/der rechten NachbarIn genannt werden. Wenn der/die Angesprochene die Aufgabe nicht innerhalb von 3–4 Sekunden löst, dann wechselt er/sie in die Mitte. Sagt der/die SpielerIn in der Mitte „Zipp-Zapp", suchen sich alle einen neuen Platz. Wer übrig bleibt, wechselt in die Mitte.

Gruppengröße: ab zehn Kindern

Variationen:

- das Spiel findet im Kreis stehend ohne Stühle statt
- die Bedeutungen von „Zipp“ und „Zapp“ werden getauscht. „Zipp“ – rechtes Kind, „Zapp“ – linkes Kind
- Erweiterung um „Zonk“ (Namen beider Kinder) und „Boink“ (Name der gegenübersitzenden Person)

Methodische Hinweise – Inklusive Aspekte: Das Spiel ist für Rollstuhlfahrende Kinder geeignet, wenn auf den Platzwechsel verzichtet wird. Nehmen Kinder mit weiteren motorischen Beeinträchtigungen teil, sollte darauf geachtet werden, dass die Stühle stabil stehen und ausreichend Zeit für einen Platzwechsel eingeräumt wird. Für Kinder mit sprachlicher Einschränkung sollten sprachliche Anweisungen („Zipp“ und „Zapp“) visualisiert werden. Das Kind, welches in der Mitte steht, erhält dann bspw. zwei Farbkarten (Rot/Grün). Bei Rot wird der Name des links stehenden Kindes, bei Grün der Name des rechts stehenden Kindes benannt.

Material:

- Stühle
- ggf. Farbkarten

Guten Tag und Hallo!

Die Kinder sammeln im Vorfeld mit Hilfe des Erwachsenen verschiedene Formen der Begrüßung (Hände schütteln, auf die Schulter klopfen, Umarmung, Hofknicks usw.). Jede genannte Begrüßung wird auf zwei Zetteln notiert bzw.

mit einem Symbol auf den Zetteln dargestellt. Dabei ist darauf zu achten, dass genau so viele Zettel wie Kinder vorhanden sind. Die Zettel werden gemischt und an die Gruppenmitglieder verteilt. Aufgabe ist es nun, den passenden Zettelinhaber zu finden und so wie auf dem Zettel beschrieben zu grüßen. Anschließend werden die Zettel neu gemischt und verteilt.

Gruppengröße: ab zehn Kindern

Variationen:

- um das Kind mit dem passende Zettel zu finden, wird die eigene Begrüßungsart bei allen anderen so lange ausprobiert, bis die „Richtige" dabei war
- es werden mehrere Begrüßungsrituale reihum durchgespielt
- bei Musikstopp wird die nächststehende Person begrüßt; hierbei können in jeder Runde andere Begrüßungsarten ausgewählt werden

Methodische Hinweise – Inklusive Aspekte: Das Spiel eignet sich für alle Kinder unabhängig von ihren motorischen oder sprachlichen Fähigkeiten. Die Begrüßungsarten können im Vorfeld mit ihnen abgesprochen oder/und „eingeübt" werden. Nehmen Kinder mit einer Seheinschränkung teil, so wird für jede Begrüßungsform ein Spielerpaar gebildet.

Material: ggf. CD Player und Musik

Lobstraße

Das Spiel ist eine Anlehnung an ein Ritual, das u.a. von Rugby-Spielern am Ende eines Matches praktiziert wird: Die Mannschaften verabschieden sich voneinander, indem jeweils eine Mannschaft eine Gasse bildet und die dadurch laufenden Spieler der andern Mannschaft mit Applaus und wohlwollenden Gesten verabschiedet. Auch sieht man eine ähnliche Version beim Auflaufen der Teams vor dem Wettkampf.

Die Kinder stehen sich in der Gassenaufstellung einander gegenüber. Ein Kind oder mehrere Kinder, die sich an den Händen halten dürfen, steht bzw. stehen am Eingang der Gasse. Es darf bzw. sie dürfen durch diese „Lobstraße" gehen und wird bzw. werden durch lobende oder aufmunternde Geräusche und Ausrufe (z.B. Applaudieren, „Bravo"-Rufe) der anderen bis zum Ende der Gasse (das könnte z.B. die Türe des Bewegungsraumes sein) geleitet.

Gruppengröße: ab zehn Kindern

Variationen:

- die MitspielerInnen, an denen das Kind vorbeigegangen ist, laufen außen herum, stellen sich am Ende der Gasse wieder an und verlängern sie auf diese Weise
- die durch die Gasse laufenden Kinder werden vorsichtig gestreichelt oder ihnen wird freundlich auf den Rücken geklopft
- eine enge Gasse bilden; die durchlaufenden Kinder schließen die Augen und werden durch Körperkontakt, z.B. Führen an den Oberarmen, vorsichtiges Schieben am Rücken o.Ä. durch die Gasse geführt.

Methodische Hinweise – Inklusive Aspekte: Kinder mit einer Sehbeeinträchtigung werden ggf. durch einen Partner unterstützt, der seinerseits die Augen schließt.

Material: Es wird kein Material benötigt.

Kreuzfahrt nach Hause

Unter eine große Weichbodenmatte werden acht bis zehn Rollbretter gelegt. So entsteht eine große „Luxusyacht", auf die sich die Kinder legen. Die „Kreuzfahrt" beginnt, wenn alle Kinder sich nicht mehr bewegen und reden. Wenn sich ein Kind bewegt, stoppt die Fahrt. Kreuz und quer geht es durch den Raum („übers Meer"); ist der „Heimathafen" erreicht (z. B. eine Matte in der Nähe der Ausgangstüre), verlassen die Fahrgäste das „Schiff".

Gruppengröße: ab zwei Kindern

Variationen:

- „Fahrt bei Nacht": die Kinder lassen während der Fahrt die Augen geschlossen und/oder eine große Decke bzw. ein Schwungtuch wird über sie ausgebreitet
- „Krachmacherschiff": das „Schiff" fährt nur, wenn die Kinder kräftig zappeln und laute Geräusche machen; je lauter, desto schneller fährt das „Schiff"
- ein Kind darf „Kapitän" spielen und die Fahrtrichtung des Schiffes bestimmen
- bei wenigen Kindern reicht es aus, wenn unter eine Gymnastikmatte zwei Rollbretter gelegt werden

Methodische Hinweise – Inklusive Aspekte: Erfahrungsgemäß ergeben sich bei diesem Spiel kaum Probleme. Möchte ein Kind, das im Rollstuhl sitzt, nicht aus diesem herausgehoben werden, kann es auch (ggf. mit Hilfe einer kleinen Rampe) auf die Mitte des „Schiffes" fahren und so an der „Kreuzfahrt" teilnehmen.

Material:

- Rollbretter
- Weichbodenmatte/Gymnastikmatte

3.10 Komplexe Bewegungs- und Spielsituationen

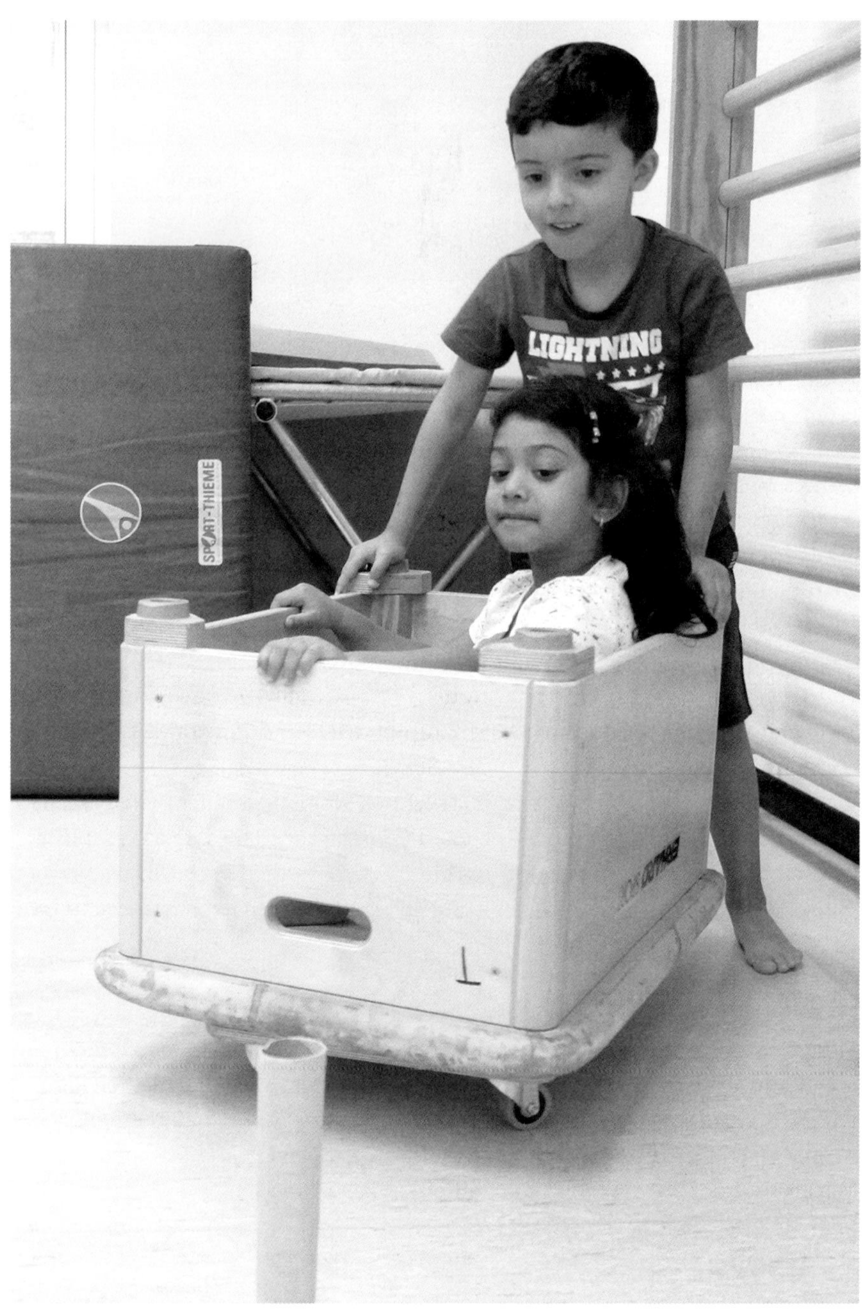

Städtebau

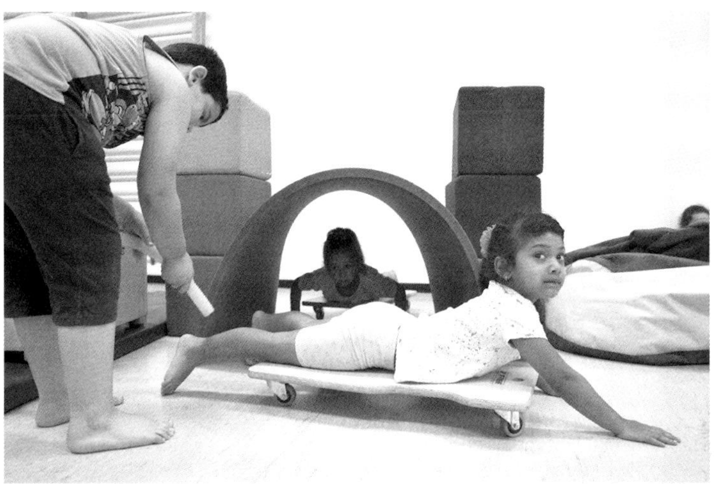

Den Kindern werden zahlreiche Papprollen (Küchenpapierrollen, Teppichkerne etc.) sowie Bierdeckel o. Ä. zur Verfügung gestellt. Außerdem hält die pädagogische Fachkraft einen „Stadtplan" (Zeichnung in DIN A4 oder DIN A3) bereit. Die Kinder betrachten den Stadtplan und erhalten die Aufgabe, nach ihren Vorstellungen eine „Stadt" zu bauen. Sie können das gesamte vorhandene Material nutzen. Die Fachkraft gibt den Kindern dabei Raum für ihre Ideen und unterstützt nur bei Bedarf mit eigenen Impulsen. Im Bauprozess kann sich dabei der Fokus der Kinder weg von der „Stadt" hin zu anderen Themen verändern. So ist es bspw. möglich, dass statt einer „Stadt" mit Straßen, Bäumen und Häusern einzelne Gebäude in den Fokus rücken. So kann aus der Idee auch ein „Schwimmbad", ein „Supermarkt", ein „Restaurant" o. Ä. entstehen. Auch der Bau eines „Flusses" mit „Staudämmen", „Zelten" am „Ufer" und „Lagerfeuer" ist möglich. Der Bauprozess geht dabei im Verlauf der Stunde in der Regel in ein freies Spiel mit dem Gebauten über.

Gruppengröße: ab acht Kindern

Variationen:

- ist die „Stadt" mit „Straßen" etc. gebaut, können die Kinder als „Autos" mit unterschiedlicher Geschwindigkeit durch die „Stadt" fahren
- sind große „Straßen" gebaut worden, können die Kinder auf Rollbrettern durch die Papprollenlandschaft fahren (alleine oder zu zweit auf einem Rollbrett)

- es können verschiedene weitere Alltagsmaterialien wie bspw. Schwämme, Wäscheklammern, Steine oder Dosen zur Verfügung gestellt werden, um damit ggf. größere „Städte"/„Bauwerke" zu bauen
- statt eines Stadtplans können den Kindern auch Fotos der eigenen Kita oder von Bauwerken zur Verfügung gestellt werden, die dann als Einstieg in die Bauphase dienen, ggf. fotografieren die Kinder ihre „Bauideen" selbst

Material:

- vorbereiteter Stadtplan
- viele Papprollen in unterschiedlichen Stärken und Größen
- ggf. weiteres Alltagsmaterial wie bspw. Wäscheklammern, Tücher, Schwämme, Dosen
- ggf. Rollbretter
- ggf. Musik/Musikanlage
- ggf. Fotos oder Fotoapparat

Mit Hand und Fuß

Zur Vorbereitung des Sinnesparcours werden Kisten oder Kartons mit verschiedenen Materialien gefüllt und in einer Reihe aufgestellt. Damit sich Kinder mit ihren Füßen durch unterschiedliche Konsistenzen fühlen können, stehen bspw. folgende Materialien als Kisteninhalte zur Verfügung: Watte, Sand (Vogelsand), Heu, Rindenmulch, Kastanien, Steine, Kiefernzapfen, Blätter und in der letzten Kiste Rasierschaum. Zusätzlich werden Fühlkästen für die Hände vorbereitet.

Hierfür lassen sich Schuhkartons mit einem Ausschnitt auf der oberen Seite nutzen. Der Ausschnitt kann zusätzlich durch einen aufgeklebten Stoffrest verdeckt werden. Wichtig ist, dass der Inhalt des Kartons nicht zu sehen ist. Zur Füllung eignen sich u.a. Schwämme, Stoffe, Federn, Steine, Baumrinde und Spielzeugautos. Stehen alle Kisten bereit, entscheiden sich die Kinder, ob sie den Parcours mit offenen oder geschlossenen Augen durchlaufen möchten. Am Ende des Fußtastparcours kann sich jedes Kind mit einem Handtuch den Rasierschaum abreiben.

Gruppengröße: ab acht Kindern

Variationen:

- Der Parcours ist um weitere Wahrnehmungsbereiche erweiterbar. So könnte bspw. eine „Riechstation" ergänzt werden. Hierfür werden nicht durchsichtige Dosen mit verschiedenen duftenden Gewürzen wie Minze, Zimt oder Vanille gefüllt. Die Kinder können die Dosen öffnen, riechen und erraten, um welchen Duft es sich handelt.
- In der Mitte des Raumes wird eine „Ruheinsel mit Musik" (Weichbodenmatte) aufgebaut. Kinder, die sich ausruhen möchten, können sich jederzeit hierhin zurückziehen.

Material:

- für die Fußtastkästen: Kisten, Watte, Sand (Vogelsand), Heu, Rindenmulch, Kastanien, Steine, Kiefernzapfen, Blätter und Rasierschaum
- Handtücher
- für die Handtastkästen: Schuhkartons, ggf. Stoffreste und Kleber, Schwämme, Stoffe, Federn, Steine, Baumrinde und Spielzeugautos
- für die Riechstation: Dosen und verschiedene Gewürze
- ggf. Weichbodenmatte
- ggf. Musik

Jahrmarkt

„Jahrmarkt" bauen mit vielfältigen Materialien/Geräten:

- Wurfbude: Leere Konservendosen als Wurfziel; Tennisbälle, Schaumstoff-Frisbees, Socken als Wurfgeräte
- Karussell: 2–3 Rollbretter unter einer Gymnastikmatte; Seilchen in die Schlaufen der Matte, an denen sich 1–2 „Fahrgäste" auf der Matte beim Gedreht-Werden festhalten
- Auto-Skooter: Feldbegrenzung durch Bänke/Matten; Scooter: Rollbretter, Rollstühle, Skate-/Waveboards; Hindernisse/Ziele durch Luftballons, Gymnastikbälle, Papprollen
- Schiffschaukel: Umgedrehtes Minitrampolin bzw. Turnmatte in Turnringe einbinden. 1–2 „Fahrgäste" in Bewegung halten; Schaukelbereich markieren bzw. abtrennen vom Spiel-Raum
- Greifer: Mit verbundenen Augen bäuchlings auf Bank oder Turnkasten liegend; alleine oder auf Zuruf Gegenstände auf dem Boden vor der Bank ertasten, einsammeln
- Geisterbahn: Langer Tunnel aus zwischen Bänken eingeklemmten Matten; Tunnel durchkrabbeln, auf dem Rollbrett durchfahren, mit Seil gezogen werden; zwischen die Matten gesteckte Heulrohre „produzieren" von außen „Geistergeräusche"

Gruppengröße: ab acht Kindern

Variation:

Der Ausbau der Bewegungslandschaft zum Thema „Jahrmarkt“ kann sich an weiteren Attraktionen einer „richtigen“ Kirmes orientieren. So könnte es auch eine „Los-Bude“ geben, die statt Losen mit der Inschrift „Gewinn“ oder „Niete“ spannende und/oder lustige Bewegungs- und Spielaufgaben vorschlägt. „Jahrmarktmusik und -Geräusche“ finden sich zuhauf legal im Internet, können aber auch im Vorfeld mit den Kindern aufgenommen werden. Eine „Fress-Bude“ mit einem großen Angebot z. B. an Gummibärchen und ein „Festzelt“ (gespanntes großes Schwungtuch) bereichern ebenfalls die Landschaft. Wird das Außengelände mit einbezogen oder genutzt, könnten eine „Wasserrutsche“ (leicht herstellbar aus Malerfolie und „Baby-Bad“) und eine „Schießbude“ (mit Wasserpistolen auf Tischtennisbälle schießen, die oben auf Flaschen liegen) zu beliebten Anlaufstationen werden.

Von großem Wert ist es, wenn eine andere Gruppe zum Besuch des „Jahrmarkfest“ eingeladen wird und die „Kirmes-Kinder“ dann für die einzelnen Stationen als „Schausteller“ verantwortlich sind; sie können den Besuchern die jeweilige Station bzw. „Attraktion“ erklären, ggf. „Tickets“ ausgeben und Start und Ende des jeweiligen Geschehens bekannt geben.

Material:

- Kästen, Matten/Bänke
- Chiffontücher
- Bälle, Luftballons, Frisbees
- Rollbretter usw.
- Konservendosen, Alltagsmaterialien
- ggf. Malerfolie
- ggf. Wasserpistolen
- ggf. Süßigkeiten

Kita-Rallye

Die Kinder versammeln sich im Gruppen- oder Bewegungsraum. Sie erhalten die Aufgabe, sich in Zweier-/Dreiergruppen zusammenzufinden. Jede Gruppe erhält eine einfach zu bedienende Digitalkamera und die Aufgabe, durch die Kita zu gehen oder zu fahren und dabei ihre Lieblingsdinge zu fotografieren. Die Dinge können drinnen oder draußen sein. Es kann sich um Materialien, Gegenstände oder um einen bestimmten Ort handeln. Kinder, die bisher noch nie mit der Kamera gearbeitet haben, bekommen eine Einführung. Solange die Kinder unterwegs sind, steht die Fachkraft für Fragen zur Verfügung. Sobald alle Lieblingsdinge fotografiert wurden, soll die Gruppe zum Ausgangspunkt zurückkehren. In Begleitung der pädagogischen Fachkraft werden die Fotos angesehen und ausgedruckt. Die anderen Kinder können ggf. raten, um welche Lieblingsgegenstände es sich handelt.

Gruppengröße: ab acht Kindern

Variationen:

- die Kinder bewegen sich auf dem Rollbrett oder im Rollstuhl durch die Kita und führen die Aufgaben aus
- Es können auch andere Aufgaben (anstelle des Fotografierens) gefunden werden. So könnte in der Kita nach einem bestimmten Gegenstand gesucht werden oder von einer bestimmte Person an eine Gruppe eine Frage/Aufgabe gestellt werden. Mit der Antwort muss die Gruppe dann zurückkommen und erhält eine neue Frage/Aufgabe.

Material:

- je Gruppe ein Fotoapparat (ggf. aus dem Handel eine einfach zu bedienende Digitalkamera extra für Kinder)
- ggf. Rollbretter

Weg durch den Dschungel

Grundidee: Zwei weit voneinander entfernt liegende „Dörfer“ im „Dschungel“ sollen durch einen Weg miteinander verbunden werden. So können die „Dorfbewohner“ sich gegenseitig besuchen, Gegenstände transportieren oder auch „Geschenke“ mitbringen. Der Weg ist an einigen Stellen eng und schmal, so dass es schwer ist, aneinander vorbei zu kommen. Außerdem lauern hier und da „Gefahren“ und müssen Hindernisse überwunden werden. Es gilt, nicht vom Weg abzukommen, Hin- und Rückweg unbeschadet zu überstehen und sich dabei gegenseitig zu unterstützen.

Ein markiertes Feld, eine Weichbodenmatte oder Turnmatten stellen das jeweilige „Dorf“ dar. Mögliche Hindernisse können ein schmaler Steg (aneinander vorbei Balancieren über eine Bank), eine Wackelbrücke (Gymnastikstäbe unter einer Matte liegend), ein „Fluss“ (Mattenbahn), der mittels „Lianen“ (Taue) überquert werden kann, sein. Vielleicht gibt es unterwegs aber auch eine „Höhle“ (über Kästen gelegtes Schwungtuch) zum Ausruhen oder ein „Floß“ (Rollbretter unter Matte oder Mattenwagen), mit dessen Hilfe auf die andere Seite eines „Sees“ übergesetzt wird.

Gruppengröße: ab acht Kindern

Variationen:

- Der Weg kann sich gabeln, so dass die Mitspieler selbst entscheiden können, Hindernissen auszuweichen oder den Schwierigkeitsgrad zu steigern.
- Eine „Urwald-Atmosphäre" wird erzeugt, wenn das Geschehen mit „Dschungelmusik" bzw. „Dschungelgeräuschen" untermalt wird. Zudem können die „Dörfer" ausgestaltet werden (z.B. durch Mattenschaukeln oder kleine Höhlen), dort werden evtl. (Entspannungs-)Geschichten vorgelesen.
- Ein wenig Wettkampf- und Leistungscharakter kann eingebracht werden, indem einige „Urwaldbewohner" von bestimmten Punkten aus versuchen, die über den Weg Gehenden mit „Giftpfeilen" (Schaumstoff-Frisbees, Softbälle o.Ä.) zu treffen („Wer trifft die meisten?", „Wer wird nicht/am wenigsten getroffen?"). Spannend ist es auch, wenn der Weg mit einem Partner, der die Augen geschlossen oder verbunden hat, zurückgelegt wird.
- Die Bewegungslandschaft kann gemeinsam geplant und grafisch auf einem Plakat festgehalten werden. Mit Hilfe dieser Zeichnung gelingt es den Kindern evtl., Teile der Bewegungslandschaft eigenständig aufzubauen.

Material:

- Groß- und Standardgeräte
- Weichbodenmatte, Turnmatten
- evtl. Rollbretter
- evtl. Schaumstoff-Frisbees, Softbälle
- evtl. CD-Player, „Dschungelmusik/-geräusche"

Murmelbahn

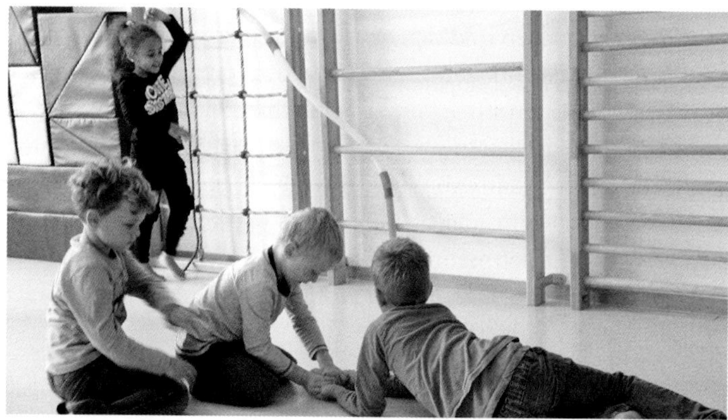

Eine größere Anzahl an Heulrohren wird mithilfe einzelner Heulrohr-Stücke (Länge ca. 10 cm, jeweils noch einmal quer durchgeschnitten) verbunden. Ein Ende dieser Konstruktion wird mit einem Seilchen möglichst hoch angebracht (z. B. an eine Sprossenwand oder am oberen Teil eines Treppengeländers). Die eigentliche Murmelbahn entsteht nun dadurch, dass die verbundenen Heulrohre in einem Gefälle angebracht bzw. befestigt werden. Oben eingelegte Murmeln sollen ohne stecken zu bleiben unten wieder austreten.

Ausgehend von dieser „Basisversion" sind nun vielfältige Variationen und unterschiedliche Spiele möglich.

Beispiele:

- die Bahn an einer Stelle unterbrechen, die Murmel läuft über eine ausgefräste Bodenleiste und verschwindet dann wieder im zweiten Teil der Bahn
- die austretende Murmel setzt aufgestellte Domino-Steine in Bewegung oder läuft über ein Glockenspiel
- viele Murmeln gleichzeitig durch die Bahn laufen lassen, die eigene Murmel soll wiedergefunden werden
- mit geschlossenen Augen auf durchlaufende Murmeln zeigen

Gruppengröße: ab acht Kindern

Variationen:

- Da es sich um eine eher labile Konstruktion handelt, sind permanent Befestigungs- und Umbaumaßnahmen notwendig. Erfahrungsgemäß bereitet das den Kindern nicht nur sehr viel Freude, sondern führt auch dazu, dass unterschiedliche Rollen eingenommen werden und immer wieder neue Ideen einfließen. So entsteht z. B. eine „Berg- und Tal-Bahn", Abzweigungen werden eingebaut u. v. m.
- Sehr spannend ist auch die Aufgabe, eine Vorrichtung zu konstruieren, durch die eine austretende Murmel einen Luftballon zum Platzen bringt (z. B. mithilfe eines Pappstückes und einer daran befestigten Nadel).
- Die Spielidee „Murmelbahn" kann im Außengelände aufgegriffen und durch Drainage-Rohre zu einer „Riesen-Ball-Bahn" erweitert werden. Diese Rohre werden z. B. an einem Baum befestigt. Statt Murmeln werden hier Tennisbälle genutzt.

Material:

- zahlreiche Murmeln aus Glas und Keramik in unterschiedlichen Farben
- eine größere Anzahl an Heulrohren und Verbindungsstücken
- Seilchen oder Klebeband zur Befestigung
- ggf. Drainage-Rohre und Tennisbälle
- Zusatzmaterial wie Konservendosen, in die die Murmeln fallen, Domino-Spiel, Glockenspiel, Luftballons usw.

Frisbee-Golf

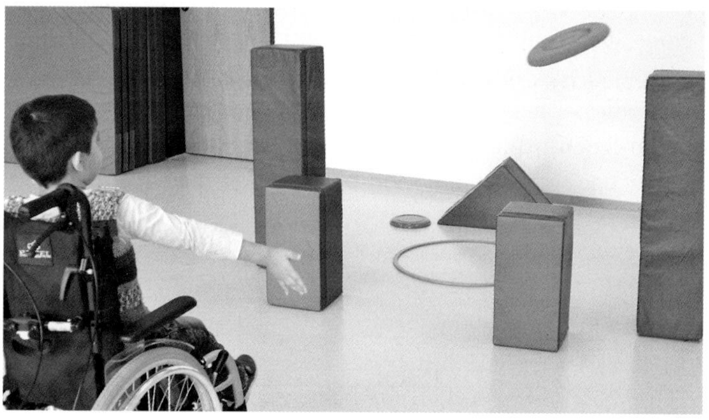

Die Grundidee zum „Frisbee-Golf" basiert auf dem traditionellen Golf-Spiel. Ziel ist es, die Frisbee-Scheibe (aus Schaumstoff) von einem Abwurfpunkt (Gymnastikreifen) mit möglichst wenigen Versuchen in ein Ziel (einen weiteren Gymnastikreifen) zu befördern. Dieser Reifen ist gleichzeitig der „Abschlag" für das nächste „Loch". Die Anzahl aller Versuche wird zum Gesamtergebnis summiert. In der Turnhalle, in einem größeren Bewegungsraum oder auch im Außengelände werden dazu mindestens sechs Gymnastikreifen in unterschiedlichen Entfernungen voneinander verteilt. Dann wird die Reihenfolge festgelegt, in der der „Golf-Parcours" absolviert werden soll. Die Mitspieler starten von einem beliebigen Abwurfkreis.

Der Parcours kann in vielfältiger Weise ausgestaltet werden, um das Spiel schwieriger, aber auch attraktiver zu machen. Z. B. Hindernisse (Turnkasten) bzw. Zusatzaufgaben (aufgestellter Reifen) zwischen Abwurf und Ziel, im Zielreifen ein Hütchen aufstellen, das getroffen werden soll.

Gruppengröße: ab acht Kindern

Variationen:

Attraktiv ist es, den Parcours statt allein mit einem Partner bzw. als Mannschafts- bzw. Gruppenwettkampf zu absolvieren. Dann wird die Anzahl aller Versuche der Team-Mitglieder summiert und als Gesamtergebnis gewertet.

Zudem kann die Art des Abwurfs nach unterschiedlichen Regeln erfolgen: z.B. mit der „Nicht-Vorzugshand", rückwärts über Kopf oder mit geschlossenen/verbundenen Augen abwerfen, wobei ein akustisches Signal am Zielreifen (Triangel, Glöckchen) zur Orientierung des Werfers dient.

Der „Golf-Platz" wird mit den Kindern gemeinsam aufgebaut, nachdem er am „Reißbrett" (Pappkarton) oder mit Hilfe eines „Modells" (aus Lego-Steinen, Holzwürfeln) geplant wurde. Der (nach Plan) errichtete Parcours wird fotografiert, damit er in dieser Version „im Original" wiederhergestellt werden kann. Dies ermöglicht einen erneuten „Wettkampf" bzw. einen Leistungsvergleich (auch „mit sich selbst") unter den gleichen Bedingungen.

Ebenso ist es möglich, den Parcours über mehrere Räume und/oder den Flur zu verteilen; auch das Außengelände kann ggf. mit einbezogen werden.

Material:

- Gymnastikreifen
- Frisbee-Scheiben aus Schaumstoff
- Materialien und Geräte zur Ausgestaltung des Geländes
- ggf. Materialien zur Planung (Pappkarton, Filzstifte, Holzwürfel)

Alles wackelt und dreht sich

Die Kinder bauen gemeinsam und ggf. mit Hilfe der pädagogischen Fachkraft einen Parcours zum Thema „Alles wackelt und dreht sich". Als Stationen eignen sich:

- Weichbodenmatte mit untergelegten (Medizin-)Bällen
- umgedrehte Turnbank mit darunter liegender Gymnastikmatte
- Barren mit an den Holmen angebrachten Seilen (Hängebrücke)
- zwischen zwei Sprossenwände o.ä. gespanntes Tau, sodass unten ein Brückensteg und oben ein Geländer entsteht
- Kastenoberteil mit untergelegten Medizinbällen
- Weichbodenmatte zum Drehen auf fünf Rollbretter gelegt
- Therapiekreisel, etc.

Die Kinder können ihren Parcours ausprobieren und dabei austesten, was sich dreht und wackelt. Zum Abschluss der Stunde werden die Geräte gemeinsam abgebaut.

Gruppengröße: ab acht Kindern

Variationen:

- die Kinder können den Parcours mit unterschiedlichen Aufgabenstellungen wie bspw. „nicht den Boden berühren", „rückwärts gehen", „Augen schließen" bewältigen
- der Parcours wird als Entspannungsgelegenheit genutzt. In diesem Fall legt sich die eine Hälfte der Kinder auf die wackligen Geräte. Die anderen Kinder wackeln diese dann hin und her, bis getauscht wird.
- unter die Weichbodenmatte werden Luftballons (statt Medizinbälle) gelegt. Die Kinder bekommen die Aufgabe, die unter der Matte befindlichen Luftballons durch „wildes Hüpfen" zum Platzen zu bringen.

Material:

- zwei Weichbodenmatten
- zehn Bälle
- Turnbank
- Gymnastikmatte
- Barren
- zehn Seilchen
- Tau
- zwei Sprossenwände
- Kastenoberteil
- zehn Medizinbälle
- Therapiekreisel
- fünf Rollbretter
- ggf. Luftballons

Rollbrettführerschein

Der „Rollbrettführerschein“ eignet sich dazu, Kinder einen sicheren Umgang mit Rollbrettern erlernen zu lassen. Je nach Alter und Entwicklungsstand erarbeiten die Kinder zunächst selbst „Verkehrsregeln“ oder bekommen diese durch die Fachkraft vermittelt. Im Anschluss probieren sie allein oder zu zweit das Rollbrett aus. Nach der freien Testphase wird ein Parcours zum „Führerscheinerwerb“ aufgebaut. Mögliche Stationen sind:

- Durchfahren eines Engpasses (zwei zur Seite gekippte Bänke, die Sitzflächen zeigen nach innen)
- Einparken (zwei kleine Kästen, die eng zusammenstehen)
- Schikane (Seile, die in S-Form ausgelegt werden)
- Slalomstrecke (Pylone, in gleichmäßigem Abstand)
- Transport (Medizinball auf Rollbrett transportieren)
- Bremsstrecke (Startpunkt und im Abstand von ca. drei Metern Bremspunkt, beides markiert durch Pylone)

Alle Kinder durchfahren den aufgebauten Parcours je nach ihren Vorstellungen und „üben“ an den verschiedenen Stationen. Der „Führerscheinerwerb“ ist erst nach intensivem Üben möglich.

Gruppengröße: ab acht Kindern

Variationen:

- An den Stationen sollen verschiedene Aufgaben bewältigt werden. Diese werden von einer „FahrprüferIn“ abgenommen und auf einem vorbereiteten Prüfungsbogen notiert. Wenn alle Prüfungen erfolgreich bestanden werden, erhält das Kind den „Rollbrettführerschein“.
- Die Stationen können beliebig auch nach den Ideen der Kinder erweitert werden. So kann bspw. eine Nachtfahrt (ein sehendes Kind schiebt ein Kind, welches die Augen schließt oder verbunden hat, durch einen Parcours) oder eine Berg- und Talfahrt (schräge Ebene) ergänzt werden.

Material:

- je Kind ein Rollbrett
- zwei Bänke
- zwei kleine Kästen
- zehn Seile
- zehn Pylone o.ä.
- ein Medizinball
- ggf. „Prüfungsbögen“
- ggf. „Rollbrettführerscheine“
- ggf. Augenbinden
- ggf. Matten

Schattenspiel

In einem abgedunkelten Raum wird eine Schattenspielleinwand aufgebaut (z. B. aus einem oder zwei an einem Seil befestigten weißen Bettlaken) und durch einen Beamer, Overheadprojektor oder einen Baustrahler angestrahlt. Das Bettlaken sollte dabei den Boden berühren und so hoch hängen, dass auch das größte Kind dahinter Platz findet. Die Kinder können im freien Spiel zunächst ihre eigenen Ideen ausprobieren. Es besteht die Möglichkeit, sowohl hinter dem Tuch zu agieren als auch vor dem Tuch dem Spiel der anderen zuzusehen. Gehen die Ideen aus, kann die Fachkraft durch Einspielen von Musik neue Anreize setzen. Die Kinder können dann zur Musik hinter dem Tuch herlaufen, sich wie Roboter oder Tänzer bewegen oder auch mit einem Partner ausprobieren, ob es gelingt, dass der vor der Leinwand stehende Partner die Bewegungen nachmachen kann, die der andere hinter der Leinwand vorgibt. Zu Zweit oder zu Dritt lassen sich zudem Aktionen gut hinter der Leinwand darstellen (Kampf, Tanz, Akrobatik o. ä.).

Gruppengröße: ab acht Kindern

Variationen:

- Je nach Alter der Kinder können sie sich in ihrer Zweiergruppe bspw. ein Tier (oder einen Beruf) überlegen, welches sie hinter der Leinwand gemeinsam darstellen wollen. Die anderen Kinder können ggf. das Tier (oder den Beruf) erraten.
- Die Kinder erarbeiten gemeinsam mit der pädagogischen Fachkraft eine Geschichte (bspw. ein bekanntes Märchen), welches sie als Schattenspiel einem Publikum vorführen. Hierfür können Zusatzmaterialen und Gegenstände als Requisiten eingesetzt werden. Wird ein Overhead-Projektor verwendet, können auf die Folien auch Hintergrundbilder gemalt werden.

Material:

- ein bis zwei weiße Bettlaken
- Seil/Wäscheleine
- Wäscheklammern zum Befestigen
- Beamer, Overhead-Projektor oder Baustrahler
- Musik
- ggf. Overheadfolien und Folienstifte
- ggf. Requisiten und Gegenstände wie bspw. Verkleidungsmaterial (Hüte, Kleider etc.), Stöcke, kleiner Kasten

Literatur

Andres, B., Laewen, H.-J. (Hrsg.) (2002): Forscher, Künstler, Konstrukteure: Werkstattbuch zum Bildungsauftrag von Kindertageseinrichtungen. Cornelsen-Verlag, Berlin

Bahr, S., Kallinich, K., Beudels, W., Fischer, K., Hölter, G., Krus, A., Kuhlenkamp, S. (2012): Bedeutungsfelder der Bewegung für Bildungs- und Entwicklungsprozesse im Kindesalter. motorik 35 (3), 98 – 109

Baur, V., Liopwski, H., Lischke-Eisinger, L. (2014): 55 Fragen & Antworten. Inklusion in der Kita. Cornelsen-Verlag, Berlin

Beins, H. J. (Hrsg.) (2007): Kinder lernen in Bewegung. borgmann, Dortmund

Beins, H. J., Cox, S. (2011): „Die spielen ja nur!?" Psychomotorik in der Kindergartenpraxis. 3. Aufl. borgmann, Dortmund

Bertelsmann Stiftung/Institut für Schulentwicklung (Hrsg.) (2012/2017): Zur Chancengerechtigkeit und Leistungsfähigkeit des Deutschen Schulsystems. Verlag Bertelsmann Stiftung, Gütersloh

Beudels, W. (2014): Bewegung. In: Friesenhahn, G. J., Braun, D., Ningel, R. (Hrsg.): Handlungsräume Soziale Arbeit. Ein Lern- und Lesebuch. Barbara Budrich, Kornwestheim, 355 – 365

Beudels, W., Braun, D. (2008): …da besinnt sich das Kind. Überlegungen zur Theorie und Praxis einer bewegten „Ästhetischen Bildung" im Kindergarten. motorik 31 (4), 180 – 189

Beudels, W., Mahnig, K. (2007): Schlag auf Schlag, und die Aggressionen über Bord. Rudern als Angebot in der stationären Kinder- und Jugendhilfe. Praxis der Psychomotorik 32, 107 – 114

Booth, T. (2008): Eine internationale Perspektive auf inklusive Bildung: Werte für alle? In: Hinz, A., Körner, I., Niehoff, U. (Hrsg.): Von der Integration zur Inklusion. Grundlagen – Perspektiven – Praxis. Lebenshilfe-Verlag, Marburg, 53 – 73

Booth, T., Ainscow M. (2017): Index für Inklusion. Ein Leitfaden für Schulentwicklung. Für deutschsprachige Bildungssysteme adaptiert von Achermann, B., Amirpur, D., Braunsteiner, M.-L., Demo, H., Plate, E., Platte, A. Beltz-Verlag, Weinheim

Breithecker, D. (2001): Bewegung ist ein Kinderspiel: Die Entwicklung Ihres Kindes fördern. Mosaik-Verlag, München

Degner, T., Diehl, E. (Hrsg.) (2015): Handbuch Behindertenrechtskonvention. Teilhabe als Menschenrecht – Inklusion als gesellschaftliche Aufgabe. Verlag Bundeszentrale für politische Bildung, Bonn

Deutscher Bildungsserver (o. J.): Bildungspläne der Bundesländer für die frühe Bildung in Kindertageseinrichtungen. In: www.bildungsserver.de/Bildungsplaene-der-Bundeslaender-fuer-die-fruehe-Bildung-in-Kindertageseinrichtungen-2027-de.html, 07.02.2019

DOBS Deutscher Olympischer Sportbund e. V.: (2019). In: https://integration.dosb.de/inhalte/medien/archiv/, 10.02.2019

Dordel, S. (2005): Förderung der Körper- und Raumwahrnehmung als Grundlage der Prävention von Kinderunfällen. Haltung und Bewegung 25, 31 – 41

DSB – Deutscher Sportbund (Hrsg.)(1972): Sport in Deutschland. Deutscher Sportbund, Frankfurt

Fediuk, F, Hölter, G. (2003): Schüler mit Behinderung. Sportpädagogik 4 (27), 22 – 25

Fischer, K. (2013): Bewegung als Medium der Entwicklungsförderung. In: Krus, A., Jasmnund, Ch., Bahr, S., Kopic, A., Siems, S. (Hrsg.): Bewegung in der frühen Kindheit. BMBF Forschungsprojekt – Expertentagung, Hochschule Niederrhein, Mönchengladbach, 85 – 88

Fischer, K. (2009): Einführung in die Psychomotorik. 3. Aufl. Ernst Reinhardt, München/Basel

Fischer, K. (2008): Bewegung als Erkundungsaktivität. motorik 31 (4), 174 – 179

Fthenakis, W.E., Textor, M.R. (Hrsg.)(2000): Pädagogische Ansätze im Kindergarten. Beltz, Weinheim

Funke, J. (1979): Selbständige Eroberung im erziehlichen Milieu. Zur Frage der entwicklungspädagogischen Fundierung von Sportcurricula. Sportwissenschaft 9, 370–395

Funke-Wienecke, J. (2004): Bewegungs- und Sportpädagogik. Schneider, Baltmannsweiler

Funke-Wienecke, J. (1997): Vom Sitzraum zum Bewegungsraum. In: Dannemann, F., Hanning-Schosser, J., Ullmann, R. (Hrsg.): Schule als Bewegungsraum. Konzeptionen – Positionen – Konkretionen. Ministerium für Kultus, Jugend und Sport Baden-Württemberg, 109–127

Gewerkschaft Erziehung und Wissenschaft (GEW) (Hrsg.) (2017): INKLUSION – Wie hältst du's mit der Haltung? Haltung als Kern pädagogischer Profession. Eigenverlag, Frankfurt

Gewerkschaft Erziehung und Wissenschaft (GEW) (Hrsg.) (2015): Index für Inklusion in Kindertageseinrichtungen. Gemeinsam leben, spielen und lernen. Eigenverlag, Frankfurt

Grupe, O. (1984): Grundlagen der Sportpädagogik. Körperlichkeit, Bewegung und Erfahrung im Sport. Hofmann, Schorndorf

Grupe, O. (1976): Was ist und was bedeutet Bewegung? In: Hahn, E., Preising, W. (Hrsg.): Die menschliche Bewegung – Human Movement. Hofmann, Schorndorf, 3–19

Haug-Schnabel, G. (2012): Vorwort. In Wyrobnik, I. (Hrsg.): Wie man ein Kind stärken kann. Ein Handbuch für Kita und Familie. Vandenhoek & Ruprecht, Göttingen, 10–12

Hentig, H. von (1996): Bildung. Ein Essay. Hanser-Verlag, München

Hermes, G. (2006): Von der Segregation über die Integration zur Inklusion. Vortrag 08.11.2006 am ZeDiS Hamburg. In: www.zedis-ev-hochschule-hh.de/files/segregation_integration_inklusion_gisela_hermes.pdf, 26.02.18

Holtstiege, H. (2004): Montessori-Pädagogik für 0–4 Jahre. Ganzheitliche Bildung in Familie, Kita und Kindergarten. Herder, Freiburg

Hurrelmann, K. (2000): Gesundheitssoziologie. Juventa, Weinheim

Institut für den Situationsansatz/Fachstelle Kinderwelten (Hrsg.) (2017): Inklusion in der Kitapraxis. Band 2. Die Lernumgebung vorurteilsbewusst gestalten. Verlag Was mit Kindern GmbH, Berlin

Klemm, K., Preuss-Lausitz, U. (2011): Auf dem Weg zur schulischen Inklusion in Nordrhein-Westfalen. Empfehlungen zur Umsetzung der UN-Behindertenrechtskonvention im Bereich der allgemeinen Schulen. In: www.jugendsozialarbeit.de/media/raw/KLEMM_klaus__auf_dem_weg_zur_schulischen_inklusion_in_nrw.pdf, 24.04.18

Köckenberger, H. (2010): Rollbrett, Pedalo und Co: Bewegungsspiele mit Materialien aus Psychomotorik, Sport und Freizeit. Borgmann, Dortmund

Kreft, D. (2011): Soziale Arbeit als Sport? Über die Grenzen und Möglichkeiten eines Zusammenspiels. Sozialmagazin 36 (1), 10–18

Kreft, D. (2001): Jugendhilfe und Sport. Jugendhilfe 1, 10–19

Krell, J., Bös, K. (2012): Inaktivität und Fitnessmangel im Kindesalter – Ursachen und Wirkungen. Kinderärztliche Praxis 4, 207–210

Kindergartenpädagogik – Online-Handbuch. In: www.kindergartenpaedagogik.de/2100.html, 22.04.2016

Krus, A (2006): Psychomotorische Entwicklungsförderung zur Stärkung der kindlichen Resilienz. In: Fischer, K., Knab, E., Behrens, M. (Hrsg.): Bewegung in Bildung und Gesundheit, 355–361

Krus, A. (2004): Mut zur Entwicklung. Das Konzept der psychomotorischen Entwicklungstherapie. Hofmann, Schorndorf

Krus, A., Bahr, S. (2016): Bewegung als Medium der Gesundheitsförderung. In: Fischer, K., Hölter, G., Beudels, W., Jasmund, Ch., Krus, A., Kuhlenkamp, S. (Hrsg.): Bewegung in der frühen Kindheit. Springer, Wiesbaden, 61–73

Kurz, D. (1979): Sport: pädagogische Begründung. Sportpädagogik 3, 25–29

Laevers, F.(Hrsg.)(2009): Beobachtung und Begleitung von Kindern. Schlömer & Kellermann, Wegberg

Lensing-Conrady, R. (2015): Mathe bewegt! Vom Körperraum zum Zahlenraum. verlag modernes lernen, Dortmund

Leu, H.R., Flämig, K. (2007): Bildungs- und Lerngeschichten: Bildungsprozesse in früher Kindheit beobachten, dokumentieren und unterstützen. verlag das netz, Kiliansroda

Lichtblau, M. (11/2016): Entwicklung inklusiver Bildungssysteme in Kita und Schule. In: www.kita-fachtexte.de/uploads/media/KiTaFT_Lichtblau_Indexinklusion_2016-1.pdf, 23.04.2018

NRW-Landesministerium für Schule und Weiterentwicklung u. für Familie, Kinder, Jungend, Kultur und Sport (2016): Bildungsgrundsätze – Mehr Chancen durch Bildung von Anfang an. Grundsätze zur Bildungsförderung für Kinder von null bis zehn Jahren in Kindertagesbetreuung und Schulen im Primarbereich in Nordrhein-Westfalen. Verlag Herder, Freiburg im Breisgau

Platte, A. (2015): Inklusive Bildung: Leitidee von der Kindertageseinrichtung bis zur Hochschule. In: Degner, T., Diehl, E. (Hrsg.): Handbuch Behindertenrechtskonvention. Teilhabe als Menschenrecht – Inklusion als gesellschaftliche Aufgabe. Verlag Bundeszentrale für politische Bildung, Bonn, 130 ff.

Prengel, A. (2006): Pädagogik der Vielfalt: Verschiedenheit und Gleichberechtigung in Interkultureller, Feministischer und Integrativer Pädagogik (Schule und Gesellschaft). Verlag für Sozialwissenschaften, Wiesbaden

Quante, S. (2003): Was Kindern gut tut! – Beispiele für kindgemäße Entspannungsformen. Haltung & Bewegung 4, 19–27

Robert Koch-Institut (Hrsg.): KiGGS – Studie zur Gesundheit von Kindern und Jugendlichen in Deutschland. In: www.kiggs-studie.de/deutsch/home.html, 23.04.2018

Schäfer, G.E. (2011): Bildungsprozesse im Kindesalter: Selbstbildung, Erfahrung und Lernen in der frühen Kindheit. Beltz Juventa, Weinheim

Schäfer, G.E., Alemzadeh, M. (2012): Wahrnehmendes Beobachten. Beobachtung und Dokumentation am Beispiel der Lernwerkstatt Natur. verlag das netz, Kiliansroda

Seibel, B. (2012): Sport und Soziale Arbeit (SPOSA) – ein Kooperationsmodell von Sport und Hochschule in der Ausbildung von Sozialarbeiter/innen und Sozialpädagogen/innen. In: www.sposaprojekt.de/mediapool/96/965660/data/Sport_und_Sport_und_Soziale_Arbeit_-_eine_Einfuehrung.pdf, 12.03.2013

Stöppler, R., Havemann, M. (2009): „Spielen will gelernt sein!?" Spiele für Menschen mit geistiger Behinderung. verlag modernes lernen, Dortmund

Textor, M.R. (2009): Freispiel, Beschäftigung, Projekt – drei Wege zur Umsetzung der Bildungspläne der Bundesländer. In: Knauf, H. (Hrsg.): Frühe Kindheit gestalten. Perspektiven zeitgemäßer Elementarbildung. Kohlhammer, Stuttgart

Ulich. M., Mayr, T. (2006): SISMIK – Sprachverhalten und Interesse an Sprache bei Migrantenkindern in Kindertageseinrichtungen. Herder, Freiburg

Volmer, J. (2013): Bewegt ins Gleichgewicht. Misshandelte und missbrauchte Jungen in psychomotorischer Therapie. Ernst Reinhardt, München/Basel

Weichert, W. (2003): Heterogenität attraktiv machen. Möglichkeiten für den Umgang mit Heterogenität im Sportunterricht. Sportpädagogik 4 (27), 4–7

WIAD – Wissenschaftliche Institut der Ärzte Deutschlands (2004): WIAD-AOK-DSB-Studie II. Bewegungsstatus von Kindern und Jugendlichen in Deutschland. In: www.wiad.de, 14.10.2016

Zimmer, R. (2014): Handbuch Bewegungserziehung. Grundlagen für Ausbildung und pädagogische Praxis. Herder, Freiburg

Zimmer, R. (2012): Handbuch der Psychomotorik. 13. Aufl. Herder, Freiburg

Zimmer, R. (2006): Bedeutung der Bewegung für Salutogenese und Resilienz. In: Fischer, K., Knab, E., Behrens, M. (Red.): Bewegung in Bildung und Gesundheit. Aktionskreis Psychomotorik. Hofmann, Schorndorf, 365–370

Zimmer, R. (2004): Toben macht schlau. Herder, Freiburg

Bildnachweis

Beudels, Lukas: Foto 49 – 60, 82, 88, 99

Beudels, Wolfgang: Abb. 3, 4, Tab. 1, Foto 2, 3, 5, 6, 8 – 10, 14, 16, 18, 21, 25, 27, 28, 31 – 34, 38, 42 – 46, 55, 57, 61, 63, 65, 66, 96, 97, 98

Diehl, Ulrike: Abb. 1, Abb. 2, Foto 1, 4, 7, 11 – 13, 15, 17, 19, 23, 24, 26, 29, 30, 35 – 37, 39 – 41, 47, 48, 50, 54, 56, 58, 62, 64, 67 – 74, 76, 77 – 81, 83 – 85, 87, 90 – 95, 100 – 102

Goltz, von der, Friederike: Foto 20, 22, 51 – 53, 75, 86, 89

Sachregister